Martin R. Textor

Zukunftstrends – ein Überblick

Martin R. Textor

Zukunftstrends – ein Überblick

Books on Demand GmbH

Herstellung und Verlag: BoD - Books on Demand, Norderstedt
Alle Rechte vorbehalten – Printed in Germany
2. Auflage 2021
© Martin R. Textor, www.martin-textor.de
Umschlagfoto: © julien tromeur – Fotolia.com

ISBN 978-3-7528-6127-3

Inhalt

Zur Begrüßung

Dieses Buch bietet einen komprimierten Überblick über bedeutsame Zukunftsentwicklungen in Bereichen wie Weltgeschehen, Umwelt, Technik, Wissenschaft, Wirtschaft, Arbeitswelt, Bevölkerung, Gesellschaft und Lebensgestaltung. Dabei wurde auf relativ verlässliche Erkenntnisse und Prognosen aus vielen unterschiedlichen Quellen zurückgegriffen: von Wissenschaftler/innen aus ganz verschiedenen Fakultäten und von Zukunftsforscher/innen, von Unternehmen und Consultingfirmen, von Wirtschaftsverbänden und Gewerkschaften, von nichtstaatlichen Forschungsinstituten und Umweltorganisationen, von Ministerien und Behörden. Die meisten Entwicklungstendenzen beziehen sich auf den Zeitraum bis zum Jahr 2040.

Im Gegensatz zu den meisten anderen Büchern über Zukunftsentwicklungen geht das vorliegende Werk in die Breite, anstatt einen einzelnen Bereich vertieft zu erörtern. So wird die ganze Vielfalt der Trends aufgezeigt. Auf diese Weise können aber die meisten Themen nur angerissen werden – es werden die wichtigsten Informationen vermittelt und gleichzeitig viele Anstöße zum Nachdenken gegeben. Selbstverständlich können nicht alle zu erwartenden oder gar alle denkbaren Zukunftsentwicklungen angesprochen werden – ein solches Wissen besitzt kein Mensch. Jedoch wurde eine relativ umfassende Auswahl zusammengestellt.

Diese Synopse richtet sich in erster Linie an „Laien", die sich einen Überblick über möglichst viele Zukunftstrends in ganz verschiedenen Bereichen verschaffen möchten. So wurde großer Wert auf eine gute Lesbarkeit des Textes gelegt. Deshalb wurden auch keine Quellenangaben gemacht – sie würden den Lesefluss stören. Da das Buch weitgehend auf einer Auswertung von Texten im Internet beruht, können dort auch die entsprechenden Nachweise und ergänzende Informationen gefunden werden.

Auf dem Inhalt dieses Werks baut mein Buch „Zukunftsorientierte Pädagogik: Erziehen und Bilden für die Welt von morgen" auf (Norderstedt: Books on Demand, 2. Aufl. 2018). Hier werden aus Zukunftstrends Konsequenzen für die Erziehung und Bildung in Familie, Kindertageseinrichtung und Schule gezogen. Kindern und Jugendlichen sollen ja Kenntnisse und Fertigkeiten mitgegeben werden, die sie benötigen, damit sie später in der Arbeitswelt erfolgreich sein, positive Beziehungen zu anderen Menschen aufbauen und ihr persönliches Glück finden können. Um dieses Ziel zu erreichen, ist zu fragen: Wie werden die Kinder von heute in 20 oder 40 Jahren leben? In was für einer Welt werden sie dann zurechtkommen müssen? Mit welchen Herausforderungen werden sie konfrontiert werden? Was werden sie dann an Wissen benötigen? Wie können wir Kinder „fit für die Zukunft" machen? Diese Fragen werden in meinem anderen Buch beantwortet.

Zukunftsforschung

Noch vor 150 Jahren war es undenkbar, dass sich gebildete Menschen mit zukünftigen Entwicklungen intensiv befassen und öffentlich Vorhersagen machen würden. Niemand sah damals voraus, dass einige Jahrzehnte später z.B. das Auto (1885), das lenkbare Luftschiff (1900), das Flugzeug (1903: Motorflug), der Rundfunk (1923), das Fernsehen (1929), die Perlon- und Nylonfaser (1938), die Fernrakete V2 (1942), der Kernreaktor (1942) und die Atombombe (1945) erfunden werden würden. Wohl kein Forscher vermutete damals, dass Naturwissenschaften und Industrie einen unglaublichen Aufschwung erleben, immer mehr Menschen in die Städte strömen, die Straßen asphaltiert und mit Lampen versehen, die Kaiser- und Königreiche durch Demokratien ersetzt, zwei Weltkriege ausbrechen und die Kommunisten in Russland, China und weiteren Ländern an die Macht kommen würden.

Heute ist die Situation etwas anders. So ist mit der Zukunftsforschung ein interdisziplinäres Arbeitsfeld entstanden, in dem vor allem Wissenschaftler/innen und Manager/innen tätig sind. Wohl gibt es an Universitäten nur wenige Lehrstühle für Futurologie, aber viele Wissenschaftler/innen befassen sich in ihrem Arbeitsfeld – sei es z.B. Klimatologie, Volkswirtschaft, Biologie, Ozeanographie oder Architektur – mit Zukunftsprognosen. Behörden wie Ministerien und Statistikämter, Konzerne, Unternehmen, Banken, Unternehmensberatungen und supranationale Organisationen wie UN, Europäische Kommission und OECD betreiben Zukunftsforschung.

Inzwischen gelingt es recht gut, in der Rückschau erkennbare Trends in die Zukunft fortzuschreiben und dabei beispielsweise zu berücksichtigen, dass sich die technische Entwicklung immer weiter beschleunigt. Dennoch bleiben große Unsicherheitsfaktoren, und so beschreiben professionell arbeitende Zukunftsforscher/innen zumeist mehrere Zukunftsszenarien für ihren Bereich, z.B. ein positives, ein negatives und ein realistisches.

Die Zukunftsforschung verwendet folgende Methoden, die zu mehr oder minder verlässlichen Prognosen führen:

- Brainstorming: In einer Kleingruppe werden Ideen generiert, die sich auf die (nahe) Zukunft beziehen. Ideen werden nicht kritisiert, können aber hinsichtlich der Sinnhaftigkeit, Umsetzbarkeit, Wahrscheinlichkeit usw. diskutiert werden. Am Brainstorming können sich auch alle Mitarbeiter/innen eines Unternehmens oder einer Organisation via Intranet oder auf andere Weise beteiligen.
- Befragung von Fachleuten: Expert/innen werden bezüglich zukünftiger Entwicklungen auf ihrem Fachgebiet befragt (persönlich, per Telefon oder per Fragebogen). Beim mehrstufigen Delphi-Prozess werden die Befragungsergebnisse an die Expert/innen weitergeleitet, sodass sie erneut Stellung nehmen können und ein Konsens approximiert wird. Dieser Prozess kann über Jahre hinweg fortgesetzt werden.
- Scanning: Artikel in Zeitungen, in Zeitschriften, in Sammelbänden und auf Websites, die sich mit zukünftigen Entwicklungen befassen, werden systematisch analysiert.
- Trendanalyse und -monitoring: Ein bestimmter Trend, der im Rückblick erkennbar ist, wird hinsichtlich seiner Natur, seiner Ursachen, seiner Geschwindigkeit und seiner Auswirkungen untersucht. Der Trend wird in den folgenden Jahren sorgfältig weiterverfolgt. Liegen genügend Daten vor, kann er in die Zukunft fortgeschrieben werden.
- Modelle und Simulationen: Eine Vielzahl von Entwicklungen, die einander beeinflussen, wird in einem (Computer-) Modell nachgebildet. Wenn einzelne Faktoren verändert werden, kann erfasst werden, wie sich dies auf die anderen Variablen auswirken würde.
- Entwicklung und Analyse von Szenarien: Auf der Grundlage vorhandener Daten werden verschiedene Möglichkeiten ausgearbeitet, in welche Richtungen ein Trend weiter verlaufen könnte, welche Auswirkungen bestimmte (unterschiedliche) Entscheidungen hätten oder welche Konsequenzen externe

Ereignisse haben könnten. In der Regel werden mehrere Szenarien entwickelt.

- Visionen: Ausgehend von einer Analyse vergangener Entwicklungen und der gegenwärtigen Situation werden Entwürfe einer wünschenswerten Zukunft (für die Menschheit, ein Unternehmen, einen Verband) erarbeitet. Dann können Wege diskutiert werden, wie eine solche Zukunft erreicht werden könnte.

Mit Hilfe dieser Methoden wurden die in diesem Kompendium beschriebenen Trends ermittelt. Da es zu einer Thematik manchmal einander widersprechende Prognosen gibt, werden gelegentlich zwei unterschiedliche Szenarien wiedergegeben.

Wild Cards

Weitgehend unvorhersehbar sind aber auch heute noch Naturkatastrophen, Kriege oder große politische Umwälzungen – die sogenannten „Wild Cards": So könnte es mit dem Wirtschaftswunder in Ost- und Südasien ein schnelles Ende haben, wenn es in China zu einer neuen Kulturrevolution käme oder wenn in Indien Hunderte von Millionen Menschen revoltieren würden, weil sie vom Wirtschaftswachstum nicht profitiert haben.

Dass auch eine Pandemie eine Wild Card ist und innerhalb weniger Wochen das Weltgeschehen prägen kann, zeigt die Corona-Krise. Um den rasanten Anstieg der Zahl von mit dem Coronavirus infizierten Personen abzubremsen, wurde in den meisten Ländern im Frühjahr 2020 eine sich in voller Fahrt befindende Wirtschaft „vor die Wand gefahren" und das gesellschaftliche Leben radikal eingeschränkt: Viele Konzerne, Unternehmen und Geschäfte, alle Restaurants, Cafés, kulturellen Einrichtungen und Sportstätten mussten schließen, die Menschen sollen möglichst zu Hause bleiben und ansonsten einen Anstand von mindestens anderthalb Metern zu ihren Mitmenschen halten. Zugleich schotteten sich die meisten Länder gegeneinander ab, wurde der Flugverkehr weitgehend eingestellt, zerbrachen Lieferketten, wurden Exportverbote erlassen. Im Sommer 2020 konnten Wirtschaft und Gesellschaft wieder „hochgefahren" werden, aber im Herbst und Winter 2020/21 gab es in den meisten Ländern wieder einen Lockdown (light).

Andere Wild Cards sind z.B. Tsunamis oder Erdbeben. Geologen können noch nicht vorhersagen, wann solche Naturkatastrophen eintreten werden, aber sie wissen, welche Orte das höchste Risiko tragen – wenn sie nahe der großen Erdbebengürtel rings um den Pazifik sowie zwischen Mittelmeer und Himalaya liegen. Als besonders gefährdet gelten z.B. Tokio (Japan), Kathmandu (Nepal), Istanbul (Türkei), Padang (Indonesien), Dehradun (Indien), Teheran (Iran), Rangun (Myanmar), Manila (Philippinen) und Karatschi (Pakistan).

Eine große Gefahr geht ferner von den weltweit ca. 1.500 aktiven, d.h. in den letzten 10.000 Jahren ausgebrochenen Vulkanen auf der Erdoberfläche aus. Auch hier lässt sich nicht voraussagen, wann einzelne Vulkane ausbrechen werden – und mit welchen Folgen. Als besonders gefährlich gelten die ca. 20 Supervulkane (z.B. bei Neapel oder im Yellowstone National Park gelegen). Bei ihrem Ausbruch käme es neben Primärschäden wie Erdbeben und riesigen Flutwellen zur Zerstörung der Pflanzenwelt durch die Vulkanasche – von dem Yellowstone-Ausbruch vor 630.000 Jahren war beispielsweise das gesamte Gebiet der heutigen USA betroffen – und zu einer weltweiten Abkühlung, da die vulkanischen Gase in der Stratosphäre die Sonnenstrahlen reflektierende Aerosole bilden.

Wild Cards können sogar im Weltall „beheimatet" sein: Die NASA listet mehr als 1.100 potenziell gefährliche Asteroide auf, die auf der Erde aufschlagen könnten. Dazu gehört z.B. Apophis, der zwischen 2029 und 2036 die Bahn der Erde mehrmals kreuzen wird. Am 13. April 2029 wird er nur 29.470 Kilometer von der Erde entfernt mit einer Geschwindigkeit von 26.700 Kilometern pro Stunde vorbeifliegen. Mit einem Durchmesser von über 360 Metern ist der Asteroid zwölf Mal so groß wie der Meteorit oder Komet, der vor einem Jahrhundert einen großen Teil Ostsibiriens verwüstete. Würde Apophis auf der Erde aufschlagen, würden Tausende von Quadratkilometern pulverisiert. Der in die Atmosphäre geschleuderte Staub würde viele Jahre lang die Sonne verdunkeln.

In diesem Buch soll es aber nicht um solche unvorhersehbare Ereignisse gehen, sondern um Trends, die mit recht großer Wahrscheinlichkeit auftreten werden.

Weltgeschehen

Derzeit umfasst die Weltbevölkerung ca. 7,7 Milliarden Menschen. Laut einer Prognose („medium fertility variant") der UN aus dem Jahr 2019 werden 2050 über 9,7 Milliarden und 2100 ca. 10,9 Milliarden Menschen auf der Erde leben. Die „high fertility"-Variante geht hingegen von 10,7 Milliarden im Jahr 2050 und 15,6 Milliarden im Jahr 2100 aus.

Im Jahr 2050 kämen 75 Menschen und 2100 84 Menschen auf einen Quadratkilometer Landfläche – in Deutschland sind es derzeit 232 Menschen. So gibt es eigentlich genug Platz für all diese Menschen, und auch ihre Ernährung könnte sichergestellt werden. Jedoch findet das Bevölkerungswachstum vor allem in Regionen statt, die schon jetzt Probleme mit Wassermangel, unzureichender landwirtschaftlicher Produktion und Armut haben. Hier ist in Zukunft mit Wanderungsbewegungen und ethnischen Spannungen zu rechnen. So wird der Anteil der Menschen, die in den weniger entwickelten Regionen der Erde leben, ansteigen. Vor allem Afrika ist betroffen: Hier wird die Bevölkerung von 1,3 Milliarden Menschen im Jahr 2020 auf ca. 2,5 Milliarden im Jahr 2050 und 4,3 Milliarden im Jahr 2100 zunehmen.

Das Durchschnittsalter der Weltbevölkerung wird laut UN von 30,9 Jahren im Jahr 2020 auf 36,2 Jahre im Jahr 2050 bzw. 41,9 Jahre im Jahr 2100 steigen. Der Grund hierfür ist die weiter zunehmende Lebenserwartung, mitbedingt durch eine bessere medizinische Versorgung. Laut UN wird sie von derzeit 71 Jahren auf 77 Jahre im Jahr 2050 bzw. 83 Jahre im Jahr 2100 steigen.

Für die kommenden Jahrzehnte wird eine weitere Zunahme der weltweiten Verstädterung erwartet. Während im Jahr 1950 erst 30% der Menschen in Städten lebten, wurde bereits im Jahr 2007 die 50%-Grenze überschritten. Für 2030 rechnet die UN mit mehr als 60% und für 2050 mit ca. 68%. In absoluten Zahlen bedeutet dies eine Verdopplung der Stadtbevölkerung zwischen 2007 und 2050 von 3,3 auf 6,7 Milliarden Personen. Immer mehr Menschen werden in „Megacities" mit mehr als 10 Millionen Einwohnern leben und arbeiten – zunehmend in Wolkenkratzern. Die Hochhäuser werden immer spektakulärere Formen annehmen: runde, schräge, asymmetrische und unregelmäßige. Außerdem wird mehr Wert auf Klimatechnik gelegt, werden kleine Parks, öffentliche Plätze und sogar Biosphären in die Wolkenkratzer eingebaut. Hingegen wird es weniger Grünflächen zwischen den Gebäuden aufgrund der Nachverdichtung geben.

Die zunehmende Verstädterung reduziert den Bevölkerungsdruck auf dem Land – derzeit beanspruchen Städte etwa 3% der Erdoberfläche. Zudem können Städte eine effizientere Infrastruktur bieten. Allerdings sind sie schon jetzt für drei Viertel des CO_2-Ausstoßes und mehr als die Hälfte des Wasserverbrauchs verantwortlich.

(Groß-) Städte bilden Zentren der Weltwirtschaft, in denen neben den „Global Players" viele andere Unternehmen Arbeitsplätze „produzieren", die Menschen aus der Umgebung magisch anziehen. Aber nicht alle werden eine Stelle finden. So wird die Zahl der Slum-Bewohner/innen laut UN bis 2030 von 1 Milliarde auf 3 Milliarden Menschen ansteigen. Neben Slums wird es separate Stadtteile für schlechter und besser Verdienende geben – bis hin zu „Gated Communities" für die Reichen. Aber auch die Mitglieder ethnischer und religiöser Minderheiten oder anderer Subkulturen werden sich in bestimmten Stadtteilen ballen.

Wie in den letzten Jahrzehnten wird auch in den kommenden Jahren die Weltbevölkerung immer mehr verdienen. So stieg das durchschnittliche Bruttonationaleinkommen pro Einwohner (Atlas Methode) laut Weltbank von 8.991 $ im Jahr 2009 auf 11.570 $ im Jahr 2019 (in diesem Buch sind mit dem $-Zeichen immer US $ gemeint). Jedoch blieben die großen Unterschiede zwischen einkommensreichen und einkommensschwachen Regionen weitgehend erhalten: Während in dieser Dekade das Pro-Kopf-Einkommen in den OECD-Ländern von 34.504 $ auf 40.115 $ (116%) anstieg, nahm es z.B. in Lateinamerika und der Karibik von nur 7.259 $ auf 8.775 $ (121%) und in Afrika südlich der Sahara von nur 1.377 $ auf 1.550 $ (112%) zu. Laut dem „Bericht zur weltweiten Ungleichheit 2018" sind die Einkommen der ärmeren Hälfte der Weltbevölkerung seit 1980 deutlich gestiegen – insbesondere wegen des starken Wachstums in Asien. Gleichzeitig nahm aber das Einkommen des reichsten 1% mehr als doppelt so schnell zu. Die verbleibenden 49% der Weltbevölkerung erlebten hingegen ein schleppendes Einkommenswachstum oder sogar ein Null-Wachstum. Das durchschnittliche Bruttonationaleinkommen pro Einwohner/in schwankte 2019 laut Weltbank bei Industrieländern zwischen 85.500 $ (Schweiz), 65.760 $ (USA), 48.520 $ (Deutschland) und 41.690 $ (Japan), bei Schwellenländern zwischen 11.260 $ (Russland), 10.410 $ (China), 9.130 $ (Brasilien), 6.040 $ (Südafrika) und 2.130 $ (Indien). Am niedrigsten war es bei den Entwicklungsländern Malawi (380 $), Burundi (280 $) und Somalia (130 $).

Die Ungleichheit der Menschen beim Vergleich verschiedener Länder zeigt sich auch hinsichtlich ihres Vermögens. Im Jahr 2019 betrug laut dem „Allianz Global Wealth Report 2020" das weltweite Bruttogeldvermögen 192 Billionen Euro (die Schulden der Privathaushalte summierten sich im gleichen Jahr auf 46 Billionen Euro). Allerdings steigt seit drei Jahren das Vermögen in den reichsten Regionen schneller an als in den ärmeren. Im Jahr 2019 besaßen die weltweit reichsten 10% circa 84% des Gesamtvermögens, das reichste 1% fast 44%. Das durchschnittliche Nettogeldvermögen pro Kopf war mit 209.524 Euro am höchsten in den USA, gefolgt von 195.388 Euro in der Schweiz, 116.657 Euro in Singapur, 114.287 Euro in den Niederlanden und 110.706 Euro in Taiwan (die Deutschen lagen mit 57.097 Euro auf dem 18. Platz).

Laut dem „Bericht zur weltweiten Ungleichheit 2018" vom World Inequality Lab hat seit 1980 die Einkommensungleichheit in fast allen Staaten der Welt zugenommen, wenn auch unterschiedlich schnell. Betrachtet man nur große Länder bzw. Weltregionen, so war der Anstieg besonders stark in Nordamerika, China, Indien und Russland, während er in Europa vergleichsweise schwach war. Im Jahr 2016 entfielen auf die oberen 10% der Einkommensbezieher/innen 37% des Nationaleinkommens in Europa, 41% in China, 46% in Russland, 47% in den USA und Kanada, ca. 55% in Subsahara-Afrika, Brasilien und Indien sowie 61% im Nahen Osten. Laut Forbes gab es 2020 weltweit 2.095 Milliardär/innen, deren Vermögen auf 8 Billionen $ geschätzt wurde – 700 Milliarden $ weniger als 2019. Dieser Betrag ist höher als das addierte Bruttoinlandsprodukt von Deutschland, Frankreich und Italien. Oxfam schätzte, dass den Milliardär/innen 2019 mehr Vermögen als den unteren 60% der Weltbevölkerung gehörte.

In den meisten Staaten, insbesondere in den Schwellenländern, ist eine positive Entwicklung in den Bereichen Produktion und Konsum festzustellen; diese Tendenzen dürften sich auch in den kommenden Jahrzehnten fortsetzen. Wo dies nicht geschieht, ist laut dem Zukunftsforscher Matthias Horx eine Vielzahl von Ursachen dafür verantwortlich – nicht aber die Globalisierung bzw. die Ausbeutung der Armen durch die Reichen. Länder (insbesondere in Ost- und Südasien sowie in Lateinamerika), die sich in den 1980er Jahren für die Globalisierung geöffnet haben, hätten ein großes Wirtschaftswachstum und eine starke Steigerung des Lebensstandards erlebt – im Gegensatz zu Ländern (zumeist in Afrika und Westasien), die sich dieser Entwicklung gegenüber verschlossen haben.

Auf dem Weg zu einer multipolaren Welt

Während derzeit die USA noch das politische Geschehen als größte Weltmacht dominiert, wird für die kommenden Jahrzehnte mit dem Entstehen einer multipolaren Welt gerechnet: China, Russland, Indien, Brasilien und weitere Schwellenländer werden eine immer größere Rolle in der Weltpolitik spielen. So haben die weitgehend erfolglosen politischen und militärischen Interventionen der USA und ihrer europäischen Verbündeten im Nahen und Mittleren Osten, in Nordafrika, in Ex-Jugoslawien und in der Ukraine gezeigt, wie begrenzt der Einfluss der alten Mächte ist.

Ferner hat die Finanz- und Wirtschaftskrise, die im Jahr 2007 begann, das Vertrauen der Menschheit in die freie Marktwirtschaft bzw. in den Kapitalismus erschüttert, zumal die stärker staatlich kontrollierte Wirtschaft Chinas kaum betroffen war und weiter expandierte. Hingegen verlieren die USA, die europäischen Länder und Japan an Bedeutung, da sie anstehende Probleme wie die Regulierung der Finanzmärkte oder die Begrenzung des Klimawandels nicht lösen. Zudem werden ihre Handlungsspielräume immer mehr durch die hohe Verschuldung begrenzt: Laut dem Institute of International Finance sind weltweit die Schulden von Staaten, Unternehmen, Finanzsektor und Privathaushalten vom 97 Billionen $ im Jahr 2007 auf 258 Billionen im ersten Quartal 2020 gestiegen. Das entspricht rund 331% des Bruttoinlandsprodukts aller Staaten – Ende 2019 waren es erst 320%. Bedingt durch die Corona-Pandemie steigen die Schulden derzeit stark an – im zweiten Quartal 2020 um schätzungsweise 12,5 Billionen $. Sollte es zu einem größeren Zinsanstieg kommen, könnte die Blase platzen.

Laut der Staatsschuldenuhr von boerse.de betrugen am 02.01.2021 die Pro-Kopf-Schulden in Deutschland 30.688 Euro (21.08.2010: 21.254 Euro), in den USA 80.057 $ (21.08.2010: 41.604 $) und in Japan 106.712 $ (21.08.2010: 76.186 $), jedoch in Russland nur 8.221 $ (21.08.2010: 1.567 $), in China 3.097 $ (21.08.2010: 767 $) und in Indien sogar nur 1.344 $ (21.08.2010: 631 $). Für Januar 2031 wird eine Verschuldung pro Person prognostiziert von 36.782 Euro in Deutschland, 115.690 $ in den USA, 124.054 $ in Japan, 12.575 $ in Russland, 3.319 $ in China und 2.032 $ in Indien. So gilt es als unwahrscheinlich, dass die europäischen Staaten, Japan und die USA in den nächsten Jahren ihre Schulden abbauen können, da die Rentenausgaben und Gesundheitskosten aufgrund der Alterung der Bevölkerung rasant ansteigen werden. Dementsprechend wird z.B. für Deutschland im Tragfähigkeitsbericht 2020 des Bundesfinanzministeriums ein Anstieg der Staatsschulden von 60% des Bruttoinlandsprodukts auf – je nach Szenario – zwischen 73 und 185% im Jahr 2060 prognostiziert. Bei diesem Bericht wurde aber noch nicht die durch die Corona-Pandemie bedingte sehr hohe Neuverschuldung berücksichtigt. So könnte laut dem Finanzwissenschaftler Martin Werding von der Ruhr-Universität Bochum die Schuldenstandsquote 2060 um 30 bis 40% höher ausfallen als laut der vorgenannten Berechnung. Aber auch in den meisten anderen Staaten nehmen derzeit die Schulden rasant zu. Deshalb ist schon bald mit neuen Staatsschuldenkrisen zu rechnen.

Im Januar 2015 beschloss die Europäische Zentralbank, Staatsanleihen aller Eurostaaten für monatlich 60 Milliarden Euro aufzukaufen. Während die Wirtschaft von dem sinkenden Eurokurs profitiert (größere Wettbewerbsfähigkeit auf dem Weltmarkt), leiden Sparer, Banken, Lebensversicherungen und Bausparkassen unter den niedrigen Zinsen. Hinzu kommt, dass die Finanzpolitik der EZB es den (süd-) europäischen Staaten erleichtert, neue Schulden aufzunehmen und notwendige Wirtschaftsreformen zu verschieben. Seit Juni 2016 kauft die EZB auch Unternehmensanleihen auf – das „billige" Geld könnte Unternehmen verleiten, unnötige Risiken einzugehen. Zudem werden auf diese Weise ineffiziente Unternehmen am Leben erhalten, scheint es zu neuen Blasenbildungen z.B. auf den Aktien- und Immobilienmärkten zu kommen. Im Oktober 2019 betrug die Bilanzsumme der EZB bereits 4,7 Billionen Euro und stieg wegen der Bekämpfung der wirtschaftlichen Folgen der Corona-Krise bis Ende 2020 auf 7,0 Billionen Euro an. Deutschland haftet für 28% der Schulden der EZB. Aber auch die US-Notenbank hat wegen der Corona-Krise ihre Bilanzsumme von 4,0 Billionen $ (Ende Oktober 2019) auf rund 7,4 Billionen $ erhöht (Ende Dezember 2020). So könnte es in naher Zukunft weitere Finanz- und Bankenkrisen geben – und eine „brutale" Neubewertung von Vermögen.

Die „alten" Mächte verlieren an Bedeutung

Hinsichtlich der Einschätzung der Zukunft der USA gibt es zwei divergierende Perspektiven. Auf der einen Seite glauben Zukunftsforscher wie Dmitry Orlov oder James Howard Kunstler, dass die USA als Weltmacht an Bedeutung verlieren wird. Sie gehen davon aus, dass dem Finanzsektor weitere Krisen bevorstehen, dass das Wirtschaftswachstum niedrig bleiben wird, dass Steuern und Abgaben steigen werden (z.B. wegen der Alterung der Bevölkerung und um die vernachlässigte Infrastruktur modernisieren zu können), dass der Klimawandel die amerikanische Landwirtschaft negativ beeinflussen wird usw. Anstatt auf die neuen Herausforderungen zu reagieren, das Finanz- bzw. Wirtschaftssystem umzubauen und die Bevölkerung auf „magere Zeiten" vorzubereiten, würde die US-Regierung nach dem Motto „more of the same" handeln.

Auf der anderen Seite sind Zukunftsforscher wie Andreas Eschbach oder George Friedman der Meinung, dass die USA – politisch, kulturell und militärisch – eine Supermacht bleiben werden. Im Gegensatz zu Europa und Japan verlaufe die demographische Entwicklung positiv (z.B. bestandserhaltende Geburtenrate, Zuwanderung junger Menschen). Die USA kontrolliere sowohl den Nordatlantik als auch den Pazifik – und damit das Welthandelssystem. Auch verlaufe die wirtschaftliche Entwicklung wieder recht positiv, zumal die USA bei Zukunftstechnologien führend seien. Zudem ist das Land dank Fracking immer weniger auf Öl- und Gasimporte angewiesen, sind die Energiepreise gefallen.

In den letzten Jahrzehnten hat die Spaltung der amerikanischen Gesellschaft stark zugenommen. Laut dem Pew Research Institute sank der Anteil der in Mittelschichtshaushalten lebenden Erwachsenen von 61% im Jahr 1971 über 54% im Jahr 2001 auf 52% im Jahr 2018. Gleichzeitig würden die Reichen (2018: 19% der Erwachsenen) immer reicher, gäbe es immer mehr arme Menschen (2018: 29% der Erwachsenen). Die Arbeitslosenquote in den USA wird auch in den kommenden Jahren recht hoch bleiben – mitbedingt dadurch, dass die Zahl der Stellen für wenig qualifizierte Arbeitnehmer/innen zurückgehen wird. Hingegen werden weiterhin Arbeitskräfte mit (natur-) wissenschaftlichen und technischen Abschlüssen gesucht werden, aber auch Mitarbeiter/innen für den Bildungs-, Gesundheits- und Pflegebereich.

Ähnliches gilt für Europa, Russland, Japan und Südkorea, wo die Situation noch durch die sinkenden Geburtenraten verschärft wird. Der Wirtschaft in den USA, in Europa und in Ostasien wird es auch immer schwerer fallen, offene Stellen mit Immigrant/innen zu besetzen, da hoch qualifizierte Chines/innen, Inder/innen, Südamerikaner/innen usw. in ihren Heimatländern immer bessere Berufschancen haben werden.

Unter Präsident Donald Trump zog sich die USA tendenziell aus der Weltpolitik zurück. Sie trat aus Freihandelsabkommen aus und erhöhte insbesondere die Zölle für Importe aus China stark – aber auch Zölle auf Waren aus der EU. Diese Entwicklung beeinträchtigt den Welthandel zunehmend und hat negative Folgen vor allem für Exportländer wie Deutschland, China, Südkorea oder Japan. Der Technologiebann, den die US-Regierung Mitte 2019 gegenüber China verhängte, könnte nicht nur dazu führen, dass sich der Aufbau des 5G-Netzwerks in den USA und in Westeuropa verlangsamt, sondern auch dazu, dass China eigene Betriebssysteme, Chips, Apps und Standards entwickeln wird. Chinesische Hightech-Unternehmen könnten somit gestärkt aus diesem Technologiekrieg heraustreten und zu noch größeren Konkurrenten für westliche Konzerne werden.

Unter Präsident Joe Biden wird sich die USA vermutlich wieder mehr ihren traditionellen Partnern zuwenden. Aber auch er wird versuchen, den Aufstieg Chinas zu einer gleich starken Weltmacht zu verhindern.

Europa wird laut dem Bericht „Global Trend 2025" des National Intelligence Council in den kommenden Jahren wohl eine wichtige Wirtschaftsmacht bleiben, aber weder zu einem einflussreichen globalen Akteur – der mit einer Stimme spricht – noch zu einer Militärmacht werden. Nationale Interessen würden weiterhin eine gemeinsame Außen- und Sicherheitspolitik erschweren. Auch müsste ein immer größer werdender Anteil des Steueraufkommens darauf verwendet werden, den durch Rückgang der arbeitsfähigen Bevölkerung und Überalterung gefährdeten Wohlfahrtsstaat zu retten. Die Wirtschaft dürfte nur noch in kleinen Schritten liberalisiert werden und weiterhin in hohem Maße von Energielieferungen aus Russland abhängig sein.

Hinzu kommt, dass der Brexit die EU auf Dauer schwächen wird. So war Großbritannien nach Deutschland die größte Wirtschaftsmacht in der EU und ebenfalls ein Nettozahler – knapp 5 Milliarden Euro pro Jahr müssen nun von anderen Ländern übernommen oder eingespart werden. Zudem ist mit einer langen Phase der Unsicherheit zu rechnen, da Großbritannien mehr als 10.000 EU-Regulierungen durch nationales Recht ersetzen muss. Dies wird sowohl die Handelsbeziehungen zwischen EU und Großbritannien belasten als auch zu weniger Investitionen in dem Austrittsland führen. Darunter wird auch die deutsche Wirtschaft leiden – schließlich ist Großbritannien der drittwichtigste Handelspartner der Bundesrepublik. Außerdem könnte es zu einem „Dominoeffekt" kommen, wenn andere Länder ebenfalls Volksabstimmungen über einen EU-Austritt durchführen sollten. So gibt es starke EU-kritische Bewegungen in Frankreich und den Niederlanden, aber auch in Finnland, Italien, Polen, Ungarn und Tschechien. Diese könnten z.B. bei neuen Wirtschafts- und Schuldenkrisen (s.o.) an Einfluss gewinnen.

Die wirtschaftliche Entwicklung in Japan verlief lange Zeit eher schleppend und hat erst 2013 wieder zugelegt. Inzwischen ist Japan nur noch die drittgrößte Volkswirtschaft der Welt und liegt auf Platz 5 der exportstärksten Länder. Allerdings ist das Bruttoinlandsprodukt zwischen 2008 und 2019 kaum gewachsen – laut Wikipedia betrug es 5 Billionen $ (2019). Besonders problematisch ist, dass die Schulden von Staat, Unternehmen und Privathaushalten laut der Bank for International Settlements Ende 2019 bei 381% des Bruttoinlandsprodukts lagen (zum Vergleich Deutschland: 181%). Nach Schätzungen der japanischen Regierung wird sich die Zahl der Senior/innen bis 2050 von heute 20,1% – das ist bereits Weltrekord – auf rund 40% der Bevölkerung verdoppeln. Dann werden laut dem Japan Center for Economic Research 70% der nationalen Arbeitskraft verschwunden sein. Das reiche der Wirtschaft noch nicht einmal für ein Nullwachstum.

Der Aufstieg der Schwellenländer

Als Staaten mit Zukunft gelten die Schwellenländer, insbesondere China, Indien, Russland, Brasilien, Indonesien, Mexiko und die Türkei. China und Russland sind aufgrund ihrer militärischen, politischen und wirtschaftlichen Stärke bereits große Machtzentren in der sich abzeichnenden multipolaren Welt. Sie grenzen sich als autoritäre Staaten gegenüber den westlichen Demokratien ab und gehen ihren eigenen Weg. Wie die Besetzung der Krim zeigt, nimmt Russland sogar einen neuen „kalten Krieg" in Kauf, wenn es seinen Einflussbereich ausweiten kann.

Laut einer Prognose des Londoner Centre for Economics and Business Research von Ende 2020 wird China die USA schon 2028 als weltgrößte Volkswirtschaft ablösen. Während das chinesische Bruttoinlandsprodukt in den kommenden Jahren um jährlich 5,7% wachsen werde, werden für die USA nur 1,9% pro Jahr erwartet. Japan werde in den frühen 2030er Jahren von Indien überholt werden, und Deutschland werde dann nur noch die fünftgrößte Volkswirtschaft sein.

China ist bereits seit 2010 die zweitgrößte Volkswirtschaft der Welt, seit 2016 nach Kaufkraft sogar die größte. Innerhalb weniger Jahrzehnte hat sich China zu einem der bedeutendsten Industrieländer entwickelt – zur „Fabrikhalle der Welt": Hier erwirtschaftet das produzierende Gewerbe mehr als 40% des Bruttoinlandsprodukts (2018). Im Jahr 2018 arbeiteten 28,3% aller Erwerbstätigen in der Industrie. Seit einiger Zeit entwickelt sich China weiter zu einer „Brutstätte" moderner Technologien: Unternehmen wie Alibaba,

Baidu oder Tencent sind inzwischen zu gleichwertigen Konkurrenten amerikanischer Konzerne wie Alphabet Inc. (Google) oder Amazon geworden. Beispielsweise werden schon jetzt rund 90% aller Smartphones, 80% aller Computer, 41% aller Schiffe und 28% aller Autos in China produziert. Laut dem Programm „Made in China 2025" will das Land bis zu diesem Jahr in zehn Wirtschaftsbereichen führend werden: Im Vergleich zu anderen Ländern soll z.B. der erste Platz in den Branchen Telekommunikation, Eisenbahnen und Energieversorgung sowie der zweite oder dritte Platz bei Robotik, High End Automatisierung und Fahrzeugtechnik mit neuer Energie erreicht werden.

Im Jahr 2019 hat China Waren im Wert von 2,5 Billionen $ exportiert und im Wert von 2,1 Billionen $ importiert. Damit ist es das exportstärkste Land weltweit. Aufgrund des Exportbooms hat China mit 3,14 Billionen $ (2020) die höchsten Währungsreserven der Welt. Auch wird immer mehr für die Qualifizierung des Nachwuchses getan: Laut DAAD gab es 2020 knapp 45 Millionen Student/innen in China – etwa 16-mal so viele wie in Deutschland. Besonders viele Mittel werden in technische Studien investiert. Inzwischen veröffentlichen chinesische Forscher/innen mehr wissenschaftliche Artikel und erhalten mehr Patente als ihre Kolleg/innen in anderen Ländern.

Laut dem Nobelpreisträger Robert Fogel aus Chicago wird China im Jahr 2040 rund 40% des weltweiten Bruttoinlandsprodukts erwirtschaften und ein Pro-Kopf-Jahreseinkommen von 85.000 $ erreichen (Europa: 5% der globalen Wirtschaftskraft, die Hälfte des chinesischen Einkommens). Im Jahr 2019 gab es bereits 4,5 Millionen Millionäre in China. Aber auch die Mittelschicht wird immer größer. Bis 2025 sollen 350 bis 400 Millionen Menschen – mehr als die Gesamtbevölkerung der USA – zusätzlich in die Städte ziehen; 2030 könnte die Stadtbevölkerung dann 1 Milliarde Menschen betragen. So wird China „die größte Baustelle der Welt" bleiben: Derzeit wachsen die urbanen Regionen um 2 Milliarden Quadratmeter pro Jahr.

China dürfte das einzige Land sein, das eine klare weltpolitische Strategie verfolgt: Mit der „Neuen Seidenstraße"-Initiative baut die Volksrepublik seit 2013 ein interkontinentales Handels- und Infrastrukturnetz auf, das rund 80 Länder Asiens, Afrikas und Europas umfasst und ca. 60% der Weltbevölkerung betrifft. Laut Handelsblatt wurden bis 2019 etwa 1 Billion $ für knapp 1.000 Einzelprojekte bereitgestellt. Die beteiligten Länder werden durch Kredite und Investitionen wirtschaftlich immer enger an China gebunden – bis hin zu einer durch hohe Schulden bedingten politischen Abhängigkeit. Zudem hat China Ende 2020 zusammen mit 14 anderen asiatisch-pazifischen Staaten die Freihandelszone RCEP gegründet, die rund 30% der globalen Wirtschaftsleistung und circa 2,2 Milliarden Einwohner umfasst. Dies dürfte zu einer Steigerung der Exporte und einer beschleunigten wirtschaftlichen Entwicklung führen.

Es gibt aber auch Hemmnisse für das weitere Wachstum Chinas: mangelnde Infrastruktur, die defizitären staatseigenen Betriebe, der hohe Bedarf an Energie und Rohstoffen, Anti-Dumping-Maßnahmen der Industrieländer und Schutzklauselanwendungen gegen chinesische Produkte, der rudimentäre Stand des Finanzsektors, die kontrollierte Währung, latente notleidende Kredite im geschätzten Volumen von 30 bis 40% des Bruttoinlandsproduktes, hohe Korruption, eine zunehmende Knappheit an qualifizierten Arbeitskräften, unzureichende soziale Sicherungssysteme, wachsende Einkommensunterschiede, große regionale Disparitäten, die sich abzeichnende Wasserkrise und die Umweltverschmutzung. Die Schulden von Staat, Unternehmen und privaten Haushalten lagen Ende 2019 laut der Bank of International Settlements (BIS) bei rund 259% des Bruttoinlandsprodukts – mehr als z.B. in den USA (254%) und in Italien (257%).

Insbesondere die Wanderarbeiter/innen werden als „Modernisierungsverlierer/innen" eine große Problemgruppe bleiben. Dazu kommt eine zunehmende Alterung der Gesellschaft: Im Jahr 2050 wird das Medianalter 45 Jahre anstelle von jetzt 33 Jahre betragen; knapp ein Viertel der Chinesen wird dann älter als 65 Jahre sein. So müssen in den kommenden Jahrzehnten die sozialen Sicherungssysteme ausgebaut werden, was die wirtschaftliche Entwicklung bremsen dürfte. Dementsprechend wird für die kommenden Jahre nur noch von einem durchschnittlichen realen Wachstum von 5 bis 6% ausgegangen.

Ferner könnten folgende Widersprüche einen weiteren Aufstieg Chinas hemmen: Einerseits will die Kommunistische Partei eine moderne Gesellschaft, andererseits aber keine Bürgerrechte. Sie will Technologien zur Modernisierung nutzen, gleichzeitig aber ihre Verwendung einschränken. China will Vorreiter auf dem Weg zur Wissensgesellschaft sein, aber zugleich den Informationsfluss kontrollieren. Die Regierung möchte den Wohlstand mehren, lässt aber die Reichen reicher und die Armen ärmer werden. Die Bevölkerung wird weiterhin unterdrückt, rebelliert aber vor allem auf dem Land immer häufiger gegen die Benachteiligung der Landwirte und Wanderarbeiter/innen. Korruption ist weit verbreitet; das Rechtssystem funktioniert nicht. So glauben einige Zukunftsforscher wie z.B. George Friedman, dass China in den kommenden Jahrzehnten weltpolitisch an Bedeutung verlieren oder sogar zerfallen könnte.

Indien gehört zu den am stärksten expandierenden Volkswirtschaften der Welt (Wirtschaftswachstum im Jahr 2018: 5,8%). Mitte des Jahrhunderts wird Indien voraussichtlich mit 1,7 Milliarden Einwohnern das bevölkerungsreichste Land der Erde sein und mit seinem Bruttoinlandsprodukt nach China und den USA an dritter Stelle liegen. Derzeit spielt der Dienstleistungssektor mit einem Anteil von rund 56% am Bruttoinlandsprodukt eine herausragende Rolle, obwohl nur 27% der Beschäftigten in diesem Bereich tätig sind. Viele IT-Aufgaben und andere Geschäftsprozesse für international tätige Konzerne werden im „Backoffice der Welt" erledigt. Derzeit gibt es 864 Universitäten und 40.026 Colleges mit 35,7 Millionen Studierenden (2018). Die Zahl der Student/innen soll in den kommenden Jahren weiter ansteigen. Wie China beansprucht Indien mehr politischen Einfluss, zumal es die größte Demokratie der Welt sei.

Unklar ist jedoch, ob in Indien die ökonomische Entwicklung mit dem Bevölkerungswachstum mithalten kann. Schon jetzt ist Armut weit verbreitet: Laut Weltbank haben 44% der Einwohner/innen weniger als 1 $ pro Tag zur Verfügung; mehr als ein Viertel der Bevölkerung ist unterernährt. Ferner sind in Indien – einem Land, in dem fast 50% der Arbeitskräfte in der Landwirtschaft tätig sind – schätzungsweise 60% der Nutzflächen von Wasserknappheit, Bodenerosion und Versalzung betroffen. Zudem wird das Land immer wieder von Naturkatastrophen wie Überschwemmungen und Dürren heimgesucht, die durch den Klimawandel noch häufiger auftreten und zu mehr Opfern führen dürften. Weitere Risikofaktoren für die wirtschaftliche Entwicklung sind z.B. die schlechte Infrastruktur, die zunehmende Luft- bzw. Umweltverschmutzung, die ineffiziente Bürokratie, das gespannte Verhältnis zu Pakistan sowie die vielen religiösen und ethnischen Konflikte, die oft mit Gewalt ausgetragen werden oder mit terroristischen Anschlägen verbunden sind.

Brasilien, Argentinien und einige andere lateinamerikanische Staaten haben in den letzten 50 Jahren dank des Rohstoff-Booms und des guten Absatzes landwirtschaftlicher Produkte einen rasanten wirtschaftlichen Aufschwung erlebt, von dem alle gesellschaftlichen Gruppen profitierten. Zugleich führten linksgerichtete bzw. populistische Regierungen eine Umverteilungspolitik zugunsten ärmerer Menschen durch. Jedoch wurde nur wenig in Bildung, Forschung und die Förderung moderner Wirtschaftszweige investiert. So ist die skizzierte positive Entwicklung in vielen Ländern ins Stocken geraten – oder hat sich sogar zum Negativen gewendet –, zumal die Einnahmen aus Rohstoffen seit dem Abflachen des Booms stark gesunken sind. Die Staatsverschuldung ist bereits sehr hoch – so steht z.B. Argentinien immer wieder vor dem Bankrott – und steigt bedingt durch die wirtschaftlichen Folgen der Corona-Pandemie rasant an. Beispielsweise rechnet Brasilien mit einem Anstieg der Schulden von 78 auf knapp 94% des Bruttoinlandsprodukts innerhalb nur eines Jahres (2020).

Staaten, deren Reichtum vor allem auf ihren Erdölvorkommen beruht, wird zumeist eine eher negative Zukunft prognostiziert: Da die Erdölproduktion in den kommenden Jahren zurückgehen wird, werden viele dieser Staaten ihre Haupteinnahmequelle verlieren. Insbesondere in Ländern wie Saudi-Arabien, in denen die Bevölkerung stark wächst und wo schon jetzt die Arbeitslosenquote sehr hoch ist, würde dann der Lebensstandard stark sinken. Unruhen oder gar (Bürger-) Kriege könnten die Folge sein. Zudem nimmt die Marktmacht der OPEC-Staaten ab, da sich neben Nigeria, Brasilien und anderen Ländern auch die USA und Kanada zu großen Erdölproduzenten entwickeln. Um das Letzte aus ihren Erdölquellen herauszuholen, werden viele Länder mit einer verstaatlichten Erdölindustrie die Hilfe westlicher Unternehmen benötigen. Dies könnte die antiwestliche Stimmung im Mittleren Osten – aber z.B. auch in Venezuela – verstärken.

Entwicklungsländer vor neuen Krisen

Während in den Schwellenländern und einigen anderen Staaten der Dritten Welt die „Aufholjagd" begonnen hat – verbunden mit einem ungehemmten Wirtschaftswachstum –, werden hingegen die übrigen Entwicklungsländer zunehmend marginalisiert. Hier können Landwirte, Handwerker und Fabriken ihre Produkte nicht mehr absetzen, weil die Märkte mit billiger – und oft subventionierter – Ware aus Industrieländern überschwemmt werden. In vielen Entwicklungsländern können Unternehmen nahezu ungehindert Menschen in „Sweatshops" ausbeuten oder sich Bodenschätze aneignen. Wegen ihrer Überschuldung müssen die meisten armen Länder mehr für Tilgung und Zinsen aufbringen als ihnen an Zuwendungen zufließen. Auch wird in sie kaum investiert: Die weitaus meisten Direktinvestitionen gehen in OECD- und Schwellenländer. So wird der Abstand zwischen den Industrie- und Schwellenländern auf der einen Seite und den Entwicklungsländern auf der anderen Seite immer größer werden.

In vielen Entwicklungsländern sind die meisten Menschen noch in der Landwirtschaft tätig. Oft produzieren sie nur für den eigenen Bedarf, da die nächsten Märkte zu weit entfernt sind. Zumeist mangelt es an landwirtschaftlichen Maschinen, Kunstdünger und Pflanzenschutzmitteln. Viele Dörfer sind noch ohne Elektrizität und können nur über unbefestigte Straßen erreicht werden. Aber auch in Städten ist die Infrastruktur oft unzureichend. Abgesehen vom Bergbau gibt es zumeist nur wenig Industrie. So sind in vielen Entwicklungsländern bis zu 50% der jungen Menschen arbeitslos oder unterbeschäftigt. Das Bildungs- und Gesundheitswesen sowie die Verwaltung sind unterentwickelt. Viele Menschen sind Analphabet/innen oder haben nur einige wenige Jahre lang die Schule besucht; eine qualifizierte Berufsausbildung oder ein Hochschulabschluss sind selten.

Auch in den kommenden Jahren wird sich die Lebenssituation der meisten in Entwicklungsländern lebenden Menschen kaum verbessern. Selbst bei einem Wirtschaftswachstum wird das Pro-Kopf-Bruttoinlandsprodukt nur wenig ansteigen, da immer mehr Menschen in diesen Ländern leben werden. Aufgrund der weit verbreiteten

Arbeitslosigkeit und Armut, der häufigen ethnischen und religiösen Konflikte, der überwiegend autoritären Regimes, der ineffizienten Bürokratie, der grassierenden Korruption, der fehlenden Rechtssicherheit und ähnlicher Gründe wird es wahrscheinlich zu noch mehr sozialen Unruhen, Staatsstreichen und Bürgerkriegen kommen, die zumeist zu einer weiteren Verschlechterung der Lebensverhältnisse führen dürften.

Laut Statista gab es in Afrika 34 Millionen Arbeitslose (2019). Dazu kommen die „working poor" (Menschen, die trotz Erwerbstätigkeit arm sind); ihr Anteil an der Bevölkerung wird auf rund 29% geschätzt. So ist es nicht verwunderlich, dass laut einer Gallup-Umfrage von 2016 rund ein Drittel der Menschen über 15 Jahren in Afrika – südlich der Sahara – bereit wäre, ihr Heimatland zu verlassen; in Nordafrika wäre es mehr als ein Viertel aller Menschen. In Lateinamerika und in der Karibik gäbe es mehr als 30%, in den arabischen Staaten und Ostasien mehr als 20%, in Osteuropa und Zentral- bzw. Westasien knapp 20% und in Südasien 15% Migrationswillige. Immer mehr Menschen werden somit in den kommenden Jahren z.B. nach Europa und Nordamerika auswandern wollen. Nach anderen Schätzungen (z.B. von Gunnar Heinsohn, Nato Defense College) könnten dies weltweit bis zu 600 Millionen Menschen sein.

Viele Entwicklungsländer werden unter der sich anbahnenden Ernährungskrise leiden. So müssen jedes Jahr mehr Menschen ernährt werden, während gleichzeitig immer mehr landwirtschaftlich genutzte Flächen durch Urbanisierung, Überbeanspruchung und Erosion verloren gehen. Laut der Bayer AG waren 1950 weltweit 5.200 Quadratmeter Ackerland pro Kopf verfügbar, 1990 waren es noch 2.900 und 2010 2.200 Quadratmeter. Für 2030 werden nur noch 1.900 Quadratmeter und für 2050 1.700 Quadratmeter pro Person prognostiziert. Der Klimawandel, die immer häufigeren extremen Wetterereignisse und die zunehmende Versalzung künstlich bewässerter landwirtschaftlicher Flächen werden die Ernährungskrise verschärfen: So wird bis 2030 mit einem Rückgang der Erträge in China bei Reis um 3%, in Südasien bei Reis um 10 bis 15% und in Südafrika bei Mais um 30 bis 47% gerechnet.

Laut FAO hat sich die globale Fleischproduktion zwischen 1965 und 2018 vervierfacht – von 84 auf 342 Millionen Tonnen. Für 2050 wird mit 455 Millionen Tonnen gerechnet. Dadurch werden die Ressourcen immer stärker beansprucht: Ein zunehmender Anteil der Ackerfrüchte wird nicht gegessen, sondern zur Erzeugung von Fleisch, Eiern und Milch verwendet. Um aber 1 Kilo Schweine- oder Hühnerfleisch herzustellen, benötigt ein Landwirt 2 Kilo Mais, Soja oder Weizen, bei Rindfleisch sind es schon 6 Kilo. Für einen Nordamerikaner wird etwa viermal so viel Getreide wie für einen Inder benötigt, der sich überwiegend vegetarisch ernährt. Außerdem werden für die Herstellung von 1 Kilo Getreide 1.500 Liter Wasser gebraucht, für 1 Kilo Rindfleisch aber 5.000 bis 20.000 Liter – und Wasser wird immer knapper. In den kommenden Jahrzehnten wird die Nachfrage nach Fleisch und Milchprodukten weiter steigen.

Zur Ernährungskrise trägt auch die zunehmende Produktion von Biosprit bei. Beispielsweise wurden im Jahr 2019 laut dem Bundesverband der deutschen Bioethanolwirtschaft in der EU rund 5,6 Millionen Bioethanol hergestellt; in den USA waren es sogar 47,4 Millionen Tonnen. Biokraftstoffe werden aus nachwachsenden Rohstoffen wie Mais, Ölpflanzen, Getreide, Zuckerrüben oder Zuckerrohr produziert, die somit nicht mehr für die Ernährung der Menschen zur Verfügung stehen. Aber auch Wald- und Restholz, spezielle Energiepflanzen und tierische Abfälle werden verwendet.

In den letzten Jahren sind die Lebensmittelpreise weltweit stark gestiegen und vor allem für die ärmste Milliarde Menschen zu einer großen Belastung geworden, da sie zwischen 50 und 70% ihres Einkommens für Ernährung ausgeben müssen. Immer mehr Menschen haben nicht genug Geld, um genügend Grundnahrungsmittel zu kaufen. So liegt die Zahl hungernder Menschen laut Welthungerhilfe bei rund 821 Millionen (2019). Nach Schätzungen wird die Zahl bis 2025 auf 1,2 Milliarden und bis 2050 auf 3 Milliarden Menschen ansteigen. Allerdings soll laut der UN-Agenda für nachhaltige Entwicklung der Hunger bis zum Jahr 2030 besiegt werden.

Schon jetzt versuchen einzelne Staaten (z.B. Indien, Vietnam, Indonesien und China), durch Exporteinschränkungen für Nahrungsmittel ihre eigene Versorgung sicherzustellen. Zudem erwerben staatliche und private Unternehmen aus Saudi-Arabien, Südkorea, China, Indien und einigen anderen Ländern – im Auftrag oder mit Unterstützung der jeweiligen Regierung – Ackerland in Afrika, Südostasien und Südamerika, weil die eigene Landwirtschaft nicht genügend Lebensmittel für die Bevölkerung produziert. Laut landmatrix.org haben sich Investoren rund 79,5 Millionen Hektar Land für landwirtschaftliche Zwecke angeeignet. Ein Großteil des Landes ist allerdings für Pflanzen bestimmt, die nicht der menschlichen Ernährung dienen. Problematisch ist, dass diese Flächen häufig von der einheimischen Bevölkerung (extensiv) genutzt wurden – die nun verarmt oder sogar unter Hunger leidet. Oft wurden die Einheimischen von dem Land vertrieben; alleine in Äthiopien sollen mehr als 1 Million Menschen von diesem Schicksal betroffen sein. Da die neuen landwirtschaftlichen Betriebe hoch technisiert sind, entstehen nur wenige neue Arbeitsplätze. Zudem werden die Produkte exportiert, kommen also nicht der einheimischen Bevölkerung zugute.

Nach positiveren Szenarien kann die Ernährungskrise jedoch durch gentechnisch veränderte Pflanzen abgemildert werden, die höhere Erträge erbringen und auch in Regionen angebaut werden können, für die sie bisher noch nicht geeignet sind. Produktionszuwächse ließen sich zudem durch umweltfreundlichere Anbaumethoden und effizientere Bewässerung erreichen (z.B. durch Sprinkler oder Tröpfchenbewässerung). Der Klimawandel könnte auch dazu führen, dass in mehr Regionen Nordamerikas und Europas zwei Ernten pro Jahr eingefahren werden. Ferner gibt es viele essbare Lebewesen wie z.B. Insekten, Muscheln, Seesterne und Algen, die bisher erst in wenigen Regionen dieser Welt verzehrt werden. Ihre nur wenig Ressourcen beanspruchende Zucht könnte ausgeweitet werden. Selbst wenn weiterhin die meisten Menschen den Verzehr von Insekten, Muscheln, Seesternen oder Algen ablehnen sollten, könnten deren Bestandteile (z.B. in der Form von Insekten- oder dem bereits verwendeten Algenmehl) bei der Produktion von Fertigprodukten genutzt werden.

Ein mit der Nahrungsknappheit eng zusammenhängendes Problem ist die Wasserkrise, die neben der Dritten Welt auch OECD- und Schwellenländer trifft, dort aber besser abgefangen werden kann. Derzeit haben laut UNICEF 785 Millionen Menschen weder in ihrer Wohnung noch in der Nähe Zugang zu Wasser. Die Investmentbank Goldman Sachs sieht in der Wasserkrise eine noch größere Gefahr für die Menschheit als in der Erschöpfung der Erdölquellen und anderer Rohstoffvorkommen. In den USA sind Kalifornien, Nevada, Arizona, Colorado, Texas, Georgia, Florida und weitere Staaten vom Wassermangel betroffen. Noch problematischer ist die Situation in Südostasien: Einige hundert Quadratkilometer Himalaja-Gletscher sind die Quelle für alle wichtigen Flüsse Asiens, also für den Ganges, den Yangtse und den Gelben Fluss – und die Gletscher werden aufgrund der Erderwärmung immer kleiner. Zudem wird in Südostasien viel zu viel Grundwasser entnommen.

Wassermangel und Dürren treffen vor allem die Landwirtschaft. So könnten z.B. in Australien die Weizenerträge und die Produktion von Rindfleisch bis 2050 um 13% sinken. Auch in Nordchina ist das Wasser knapp – hier liegen aber zwei Drittel der landwirtschaftlichen Flächen des Landes und müssen bewässert werden. Die Ernte auf 10 Millionen Hektar Land ist bedroht – sie könnte um bis zu 20% geringer ausfallen. Da in Nordchina fast die Hälfte des Nutzwassers aus dem Boden geholt, sinken die Grundwasserpegel mancherorts um ca. 1 Meter pro Jahr, in der Henbei Provinz sogar um 3 Meter. Zudem kommen wegen schlechter Bewässerungssysteme nur 45% des Wassers tatsächlich bei den Pflanzen an. Aber auch Chinas Industrie verbraucht drei- bis zehnmal mehr Wasser als Betriebe in entwickelten Ländern. Flüsse und Seen trocknen aus, die Wasserverschmutzung nimmt stark zu. Nur 56% aller städtischen und industriellen Abwässer werden behandelt. Die Kosten der Wasserkrise betragen laut Weltbank schon 2,3% des Bruttoinlandsproduktes. Mehr als 300 Millionen Chinesen haben keinen Zugang zu sicherem Trinkwasser. Der Wassermangel wird in den nächsten Jahren ein großes Problem bleiben: Mit 7% der Wasserreserven der Welt muss China 20% der Weltbevölkerung versorgen.

Laut OECD wird der globale Wasserverbrauch bis 2050 um 55% steigen, insbesondere durch Mehrbedarf im verarbeitenden Gewerbe, bei der thermischen Stromerzeugung und in Privathaushalten. Dieser Bedarf wird mit der Wassernutzung der Landwirtschaft konkurrieren, die derzeit 70% der globalen Wasserressourcen verbrauche. So müsse vor allem hier Wasser eingespart werden. Im Jahr 2025 werden rund 1,8 Milliarden Menschen und im Jahr 2050 ca. 2,3 Milliarden Menschen in Gebieten mit extremer Wasserknappheit leben.

Krisenherde der Gegenwart und Zukunft

In den kommenden Jahrzehnten wird die Welt voraussichtlich nicht friedlicher sein als heute. So wird es in Zukunft folgende Krisenherde geben (zumeist dieselben wie heute):

- Nordafrika (Machtkampf zwischen fundamentalistischen und liberalen Kräften; fragile Staatlichkeit; Unruhen; hohe Arbeitslosigkeit, da Auslandsinvestitionen und Touristen aufgrund der unsicheren Lage ausbleiben; zunehmende Armut),
- der Nahe und Mittlere Osten (die Machtkämpfe zwischen Sunniten und Schiiten sowie zwischen Säkularisierern und Fundamentalisten werden fortdauern; Saudi-Arabien und der Iran werden um die Vorherrschaft in der Region kämpfen; keine wettbewerbsfähige Wirtschaft; politische Instabilität bis hin zu Bürgerkriegen wie in Syrien und im Irak; der Nahost-Konflikt könnte jederzeit wieder aufflammen; zunehmende Kluft zwischen der islamischen Welt und dem Westen),
- der Pazifikraum (Kampf um die Vorherrschaft zwischen den USA und China; Grenzstreitigkeiten zwischen China und Japan; China betrachtet Taiwan als Teil des eigenen Staates; „Pulverfass" Nordkorea),
- Eurasien/Zentralasien (Russland wird versuchen, seine nach Auflösung der Sowjetunion geschrumpfte Einflusssphäre wieder auszudehnen; der Konflikt zwischen Russland und der Ukraine wird fortdauern) und
- Südasien (fortdauernder Konflikt zwischen Indien und Pakistan).

Ferner könnte die Großregion Indischer Ozean zur Hauptbühne für die Konflikte des 21. Jahrhunderts werden: Hier liegen „Pulverfässer" wie Somalia, der Jemen, der Iran und Pakistan; hier zeigen sich aber auch die machtpolitischen Bestrebungen von Indien und China, die in Konkurrenz um die Naturschätze stehen, einen Großteil des Handels über die Meere abwickeln und deshalb die Seewege sichern wollen. So findet bereits die Hälfte des globalen Containerverkehrs im Indischen Ozean statt. Der Transport von Erdöl wird in den kommenden Jahren eine noch größere Bedeutung erhalten, da sich Chinas Nachfrage in den nächsten 15 Jahren vermutlich verdoppeln und Indien bald der weltweit viertgrößte Energieverbraucher sein wird. China will seinen Einflussbereich Richtung Süden erweitern, während Indien seinen Einfluss von der persischen Hochebene bis zum Golf von Thailand vergrößern und seine Kontakte zu den an Bodenschätzen reichen Ländern Zentralasiens intensivieren möchte.

Mit Welt- oder gar Atomkriegen wird in den kommenden Jahrzehnten aber nicht gerechnet. Kriege werden vor allem regional und in Ländern der Dritten Welt geführt werden. Immer häufiger dürften unbemannte Drohnen, Fahrzeuge und Roboter eingesetzt werden, die aus der Ferne gesteuert werden. Dank unbemannter Waffensysteme dürften in Zukunft immer weniger Menschen Kriegen zum Opfer fallen.

Allerdings könnte der Terrorismus zu einer noch größeren Bedrohung werden. So hat in den letzten Jahren die Zahl der Anschläge weltweit stark zugenommen, war es sogar zur Gründung eines terroristischen Staates durch den IS gekommen. Während bisher vor allem Menschen Opfer des Terrorismus wurden, könnten in Zukunft vermehrt Infrastruktur und Wirtschaft ins Visier der Terroristen geraten (z.B. U-Bahn-Systeme, wichtige Tunnel und Brücken) – oder von Hackern, die (auch im Auftrag von Regierungen) die Kontrolle über Kraftwerke, Raffinerien, Stromnetze oder Chemiefabriken übernehmen. Einige wenige elektromagnetische Impuls-Bomben könnten z.B. Datenzentren zerstören, über die ein Großteil des Internetverkehrs läuft oder die von der Wallstreet genutzt werden.

So ist es nicht verwunderlich, dass viele Menschen sorgenvoll auf das Weltgeschehen blicken. Laut einer im Jahr 2019 veröffentlichten Umfrage des Pew Research Center, für die 27.612 Menschen in 26 Ländern interviewt wurden, haben 67% der Menschen (71% der Deutschen) Angst vor dem weltweiten Klimawandel, 62% (68% der Deutschen) vor der Terrormiliz „Islamischer Staat", 61% (66%) vor Cyberattacken anderer Länder, 55% (47%) vor dem Atomwaffenprogramm Nordkoreas, 50% (29%) hinsichtlich des Zustands der Weltwirtschaft, 45% (49%) vor der Macht und dem Einfluss der USA, 36% (30%) vor Russland sowie 35% (33%) vor China.

Umwelt

Im vorausgegangenen Kapitel wurden mit der Ernährungs- und Wasserkrise zwei große Probleme der Gegenwart und Zukunft angesprochen. Sie zeigen, wie stark die Umwelt durch Überbevölkerung und Urbanisierung beansprucht wird. Durch den Klimawandel, durch Erosion und Versteppung, durch Monokulturen und den Anbau von Pflanzen, die auf dem Weltmarkt gefragt sind, aber vor Ort nur dank der rücksichtslosen Ausbeutung von Boden und Wasserressourcen wachsen, werden immer mehr Landstriche – vor allem in Entwicklungsländern – unfruchtbar.

Zu problematisieren ist aber auch die zunehmende Umweltzerstörung durch das Abholzen der Urwälder. Rund 55% des Amazonas-Regenwaldes könnten bis zum Jahr 2030 zerstört werden. In Asien sind drei Viertel der Urwälder bereits gerodet. In Afrika sind nur noch 8% des Urwalds unberührt. Weltweit wird jedes Jahr die dreifache Fläche der Schweiz vernichtet – mit verheerenden Folgen für das Klima, produzieren die tropischen Regenwälder doch 40% des Sauerstoffs in der Atmosphäre. Große Urwaldflächen fallen der Holzwirtschaft, der Brandrodung, der Öl- und Gasförderung, dem Bergbau und dem Bau von Wasserkraftanlagen zum Opfer. Mehr als die Hälfte der neu gewonnenen Biosprit-Flächen sind vorher unberührter Regenwald gewesen.

Die Zerstörung der Umwelt führt zu einem starken Rückgang an Biodiversität. Beispielsweise leben mehr als zwei Drittel aller Tier- und Pflanzenarten in den Urwäldern; viele von ihnen sind aufgrund der Abholzung vom Aussterben bedroht oder bereits ausgestorben. Aber auch aufgrund neuer natürlicher Krankheitskeime, der Zuwanderung von Arten aus anderen Ökosystemen, der Zunahme extremer Wetterereignisse, des Verlusts an halbnatürlichem Land, der Verwendung von Pflanzenschutzmitteln, der Versauerung der Meere usw. ist die biologische Vielfalt gefährdet. Laut dem United Nations Environmental Programme (UNEP) verschwinden rund 50.000 Spezies pro Jahr – bis zum Jahr 2100 könnte die Hälfte aller Arten ausgestorben sein. Schon heute gilt fast jede dritte Art als bedroht. Auch Insekten sind betroffen: So stellte ein internationales Wissenschaftlerteam bei der Untersuchung von 63 deutschen Schutzgebieten fest, dass es 2017 drei Viertel weniger Insekten gab als 1989. So gilt z.B. jede zweite der knapp 600 Wildbienenarten hierzulande als gefährdet. In manchen Regionen Chinas müssen bereits Obstbaumblüten mit der Hand bestäubt werden, da Bienen und andere Insekten fehlen. Und falls die Überfischung nicht gestoppt wird, wird es im Jahr 2050 laut UN keine kommerzielle Fischerei mehr geben. Damit wären 1 Milliarde Menschen ihrer einzigen Proteinquelle beraubt.

In den 1990er Jahren entwarfen William Rees (University of British Columbia) und Mathis Wackernagel (Präsident von Global Footprint Network) das Konzept des „ökologischen Fußabdrucks". Das Global Footprint Network geht davon aus, dass heute etwa 1,7 Hektar ökologisch produktives Land auf einen Erdenbürger kommen, wenn alle Menschen nachhaltig leben würden. Die Realität sieht aber anders aus: Der ökologische Fußabdruck eines Menschen betrug 2016 in Indien 1,2 Hektar, in China 3,6 Hektar, in Deutschland 4,8 Hektar und in den USA 8,1 Hektar. Gemessen an diesen Zahlen übersteigt der Ressourcenverbrauch die Tragfähigkeit der Erde bei weitem – die Menschheit lebt also weit über ihre ökologischen Verhältnisse. Nur wenn das globale Bevölkerungswachstum gebremst werden kann und der Umweltzerstörung Einhalt geboten wird, kann die Erde „lebenswert" bleiben.

Umweltverschmutzung

Während in den OECD-Staaten die Umweltverschmutzung reduziert wurde, wird sie in den Schwellen- und Entwicklungsländern aufgrund des zunehmenden Rohstoffabbaus und der rasanten Industrialisierung immer größer. Zudem hat der von der Welthandelsorganisation (WTO) vorangetriebene Abbau von Handelshemmnissen dazu geführt, dass viele Staaten Gesetze zum Umwelt- und Verbraucherschutz „verwässert" haben. Und so leidet auch die Gesundheit der Menschen: Laut der Weltgesundheitsorganisation (WHO) atmen 9 von 10 Menschen schlechte Luft; rund 7 Millionen Menschen sterben pro Jahr an den Folgen der Luftverschmutzung und 14 Millionen an Krankheiten bedingt durch den Konsum chemisch – vor allem aber bakteriell – verseuchten Wassers.

Ferner nimmt weltweit die Müllproduktion zu, da mehr Menschen immer mehr konsumieren: Beispielsweise werden technische Geräte (Smartphones, Fernseher, PKWs usw.) schneller ersetzt, um von neuen technologischen Entwicklungen zu profitieren, wird viel Kleidung entsorgt, weil sie nicht mehr aktuellen Modetrends entspricht, wird mehr Verpackungsmaterial aufgrund des wachsenden Internethandels vermüllt, wird mehr Einweggeschirr von Imbissen, Garküchen und Lieferdiensten verwendet. So stieg z.B. in Deutschland laut Statistischem Bundesamt die Hausmüllmenge von 448 Kilogramm pro Person im Jahr 2008 auf 457 Kilogramm im Jahr 2019. Da es insbesondere in Industriestaaten immer weniger Platz für Deponien gibt, wird ein zunehmender Anteil des Mülls verbrannt, recycelt – oder in arme Länder verschifft. In Schwellen- und Entwicklungsländern wird nur ein Teil des Müllaufkommens eingesammelt; der Rest verschmutzt Straßen und Umwelt.

Besonders problematisch ist Plastikmüll, da z.B. Plastiktüten je nach eingesetztem Kunststoff erst nach 100 bis 500 Jahren vollständig zerfallen sind. Jedes Jahr werden weltweit über 400 Millionen Tonnen Kunststoff produziert – davon ein Drittel für Verpackungen. Selbst von dem getrennt eingesammelten Plastikmüll wird nur ein Bruchteil recycelt – der Großteil wird verbrannt, in Deponien eingebracht oder landet in Flüssen und schließlich in den Meeren. Inzwischen treiben 150 Millionen Tonnen Plastikmüll in den Ozeanen – im Jahr 2050 könnte das Plastik mehr als alle Fische zusammen wiegen. Zudem werden Kunststoffe durch Wellenbewegung und UV-Licht pulverisiert und gelangt so in die Nahrungskette. Aber auch in Ackerböden und Gärten sammelt sich immer mehr Mikroplastik an: Laut dem Leibniz-Institut für Gewässerökologie und Binnenfischerei ist die Verschmutzung durch Mikroplastik je nach Umgebung um das Vier- bis 23-Fache größer als im Meer – schließlich gelangen jedes Jahr rund 4 Kilogramm Mikroplastik pro Bundesbürger in die Umwelt. In manchen Ländern werden bereits mehrere Gramm Mikroplastik pro Woche durch Nahrungsmittel aufgenommen – die Folgen sind noch unerforscht.

Ferner trägt die Umweltverschmutzung zur rasanten Ausdehnung der Todeszonen in den Weltmeeren bei, die inzwischen eine Fläche so groß wie die Europäische Union bedecken. Die Ursache liegt vor allem in der Überdüngung landwirtschaftlicher Flächen: Phosphate und Nitrate gelangen über die Flüsse in die Meere und führen zu einer Algenblüte. Beim Zersetzen abgestorbener Pflanzenreste benötigen Bakterien so viel Sauerstoff, dass er für Krebse, Muscheln und Fische nicht mehr ausreicht. Die meisten Todeszonen bestehen nur während des Sommers und des Herbstes – im Winter wird das Wasser insbesondere von Stürmen durchmischt, sodass der Sauerstoffgehalt wieder ansteigt.

Ausstoß von Kohlendioxid

Die Zukunft der Menschheit wird außerdem durch den Klimawandel beeinträchtigt. Dieser wird vor allem durch den wachsenden Ausstoß von Kohlendioxid durch Kraft- und Fernheizwerke, Industrie, Gewerbe, Verkehr, Privathaushalte sowie Land- und Forstwirtschaft verursacht. Laut Wikipedia sind die jährlichen Kohlendioxid-Emissionen zwischen 1990 und 2018 weltweit um 67% auf fast 38 Milliarden Tonnen gestiegen. Statista zufolge könnten es 2050 bis zu 43 Milliarden Tonnen sein.

Der Hauptgrund für den wachsenden Ausstoß von Kohlendioxid liegt in dem stark zunehmenden Energieverbrauch in bevölkerungsreichen Schwellenländern wie Indien und China, der insbesondere bei der Stromerzeugung und der Herstellung von Zement, Aluminium und Flachglas entsteht – alles Wachstumsbranchen. Die größten Kohlendioxid-Produzenten im Jahr 2018 waren laut Wikipedia China mit 29,7%, die USA mit 13,9%, Indien mit 6,9%, Russland mit 4,6%, Japan mit 3,1% und Deutschland mit 2,0% des weltweiten Ausstoßes.

Sowohl in den reicheren als auch in den ärmeren Ländern nimmt der Konsum zu; die Produktion der benötigten Güter führt ebenfalls zu mehr Kohlendioxid. Viele Schwellen- und Entwicklungsländer sehen hier einen großen Nachholbedarf gegenüber den Industrieländern und bewerten deshalb wachsende Konsumausgaben und den damit verbundenen Anstieg des Lebensstandards positiv.

Aber auch die Vernichtung der Regenwälder trägt mit 20% zum weltweiten Kohlendioxid-Ausstoß bei. In Indonesien verursachen die Torfbrände inzwischen Emissionen von 600 Millionen Tonnen Kohlendioxid. Wissenschaftler des internationalen Global Carbon Project und der australischen Commonwealth Scientific and Industrial Research Organization (CSIRO) errechneten, dass die Entwaldung der Tropen bis zum Jahr 2100 zwischen 87 und 130 Milliarden Tonnen Kohlendioxid verursachen wird. Selbst wenn man hier Zuckerrohr oder Ölpalmen anpflanzt, dauere es 40 bis 120 Jahre, ehe der durch die Rodung bedingte Kohlendioxid-Ausstoß durch Einsparungen bei fossilen Brennstoffen wieder wettgemacht werde – bei Mais oder Sojabohnen würde es sogar 300 bis 1.500 Jahre dauern.

Neben Kohlendioxid tragen auch andere von Menschen produzierte Gase zur Erderwärmung bei. Dazu gehören Methan, Lachgas und Aerosole – insbesondere kleine Rußpartikel in der untersten Atmosphärenschicht (Troposphäre). Dasselbe gilt für die Abwärme: Etwa die Hälfte der von Menschen erzeugten Energie wird zu Abwärme, von der nur der kleinere Teil in den Weltraum abgestrahlt wird. Der größere Teil bleibt hingegen in der unmittelbaren Umgebung.

Einer Studie der Umweltschutzorganisation WWF und der Allianz-Versicherung zufolge wird der Klimawandel nicht langsam und stetig verlaufen, sondern aufgrund von Rückkoppelungen immer schneller. Beispielsweise werden höhere Temperaturen am Amazonas mehr Wasser verdunsten lassen. Der Regenwald verdorrt, und die toten Bäume setzen Kohlendioxid frei. Zudem wird bei zunehmender Trockenheit mit mehr Feuersbrünsten gerechnet.

Ferner könnte sich der Kohlendioxid-Anstieg beschleunigen, wenn der Permafrostboden weitflächig auftaut, der mehr als ein Sechstel der Landflächen der Erde bedeckt. Hier ist außerdem viel Methangas gebunden, das als Klimagas etwa 20- bis 25-mal so wirksam wie Kohlendioxid ist. Das Uno-Umweltprogramm Unep geht davon aus, dass durch das Schmelzen des Permafrostbodens bis zu 1.600 Gigatonnen Treibhausgase freigesetzt werden könnten – mehr als doppelt so viel, wie derzeit in der Atmosphäre ist. Methan ist aber auch in gefrorenen Sedimenten auf dem Grund der Weltmeere enthalten. Sollten diese wegen der Erwärmung des Meerwassers auftauen, könnte das freigesetzte Methan die Weltdurchschnittstemperatur um bis zu 6 Grad ansteigen lassen.

Große Mengen von Methan werden außerdem von Nutztieren produziert, deren Zahl aufgrund der wachsenden Nachfrage steigen wird: Laut der Ernährungs- und Landwirtschaftsorganisation der Vereinten Nationen (FAO) wird der Fleischkonsum von 342 Millionen Tonnen im Jahr 2018 auf 455 Millionen Tonnen im Jahr 2050 zunehmen.

Ferner dürfte in den kommenden Jahren immer weniger Kohlendioxid von den Weltmeeren aufgenommen werden. Bisher bleibt von jeder Tonne des vom Menschen freigesetzten Kohlendioxids die Hälfte bis ein Drittel in der Atmosphäre; der Rest wird von den Ozeanen absorbiert. Das Wasser ist jedoch mit dem gelösten Kohlendioxid zunehmend gesättigt. Laut der südkoreanischen Pohang University of Science and Technology hat sich die Absorption von Kohlendioxid im Japanischen Meer gegenüber der Periode von 1992 bis 1999 bereits halbiert. Zudem sinkt im wärmeren Meer weniger Oberflächenwasser in die Tiefe, verlangsamt sich also die Wasserzirkulation, die das Kohlendioxid in die Tiefe transportiert und nährstoffreicheres Wasser aufsteigen lässt. Letzteres bedeutet weniger Nahrung für Phytoplankton – mit negativen Folgen für die Sauerstoffproduktion der Weltmeere und für die Fischbestände, da Plankton am Anfang der Nahrungskette steht.

Klimawandel

Der wachsende Ausstoß von Kohlendioxid verursacht einem weltweiten Temperaturanstieg – nach einer Studie des Uno-Umweltprogramms Unep von 2019 um bis zu 3,9 Grad bis zum Ende des Jahrhunderts. Mit jedem Grad Aufheizung nehmen die tropischen Wirbelstürme um 30% zu. Zugleich geht die durchschnittliche Dicke der Eisschicht in der Arktis zurück. In den letzten 30 Jahren konnte ein signifikanter Rückgang der vom Meereis bedeckten Fläche im September (Meereisminimum) von ca. 13% pro Dekade ermittelt werden. Laut einer Unep-Studie könnte die Arktis ab 2030 im Sommer eisfrei sein. Je kleiner die Eisfläche wird, umso weniger Sonnenstrahlen werden reflektiert – auch dadurch wird die Erderwärmung beschleunigt.

Aufgrund des Klimawandels steigt der Meeresspiegel um 3,7 Millimeter pro Jahr. Zur Jahrhundertwende könnte er zwischen 60 und 110 Zentimeter höher liegen als heute. Der Anstieg wird zu etwa 40% durch das Schmelzen von Inlandeis und zu etwa 60% durch die mit dem Temperaturanstieg verbundene Ausdehnung des Meerwassers verursacht. Da die Ozeane rund ein Drittel der freigesetzten Klimagase aufnehmen und deren Menge immer größer wird, wird das Wasser nicht nur wärmer, sondern auch saurer. Dies schädigt die kalkhaltigen Gehäuse und Skelette von Korallen, Muscheln und vielen Einzellern – viele von ihnen sterben.

Bis 2100 könnten erhöhte globale Temperaturen und Dürren bis zu 70% des noch vorhandenen Amazonas-Regenwaldes vernichten; er würde durch Gras- und Strauchsavannen ersetzt werden. In Südeuropa, im Südwesten der USA, in Südwestasien, in Sub-Sahara-Afrika, im Mittleren Osten und in weiten Teilen Australiens könnten Trockenperioden spätestens ab 2050 das regionale Klima bestimmen und zu mehr Wald- bzw. Buschbränden und zu Ernteeinbußen führen. Hingegen steigt die Überschwemmungsgefahr z.B. im Westen Südamerikas, in Ostchina sowie im Norden Australiens und Neuseelands. In gemäßigten Regionen Südamerikas, in Kanada und in Nordeuropa wird der Klimawandel zu einer Vergrößerung landwirtschaftlich nutzbarer Flächen und zu höheren Ernteerträgen führen. Zudem wachsen manche Pflanzen bei höheren Kohlendioxid-Konzentrationen schneller.

Der Klimawandel wird den größten Schaden in armen Ländern anrichten, die einerseits ihn nur zum kleineren Teil verursacht haben und andererseits über die geringsten Ressourcen für eine Anpassung verfügen. Alleine das Abschmelzen der Himalaya-Gletscher würde 1 Milliarde Menschen mit Wassermangel konfrontieren. In Indien wären 70% der Bevölkerung von Dürren unmittelbar betroffen, weil ihre Existenz von der Landwirtschaft abhängt. In Nordchina werden sich wüstenähnliche Gebiete weiter ausbreiten.

Dem UN-Klimabericht zufolge könnten Dürren, aber auch Überschwemmungen, in vielen afrikanischen, zentralasiatischen und südostasiatischen Ländern zu staatlichem Zerfall und großen Bevölkerungswanderungen führen. So geht das UN-Flüchtlingshilfswerk von rund 250 Millionen Klimaflüchtlingen bis zum Jahr 2050 aus. Damit kämen zu den jährlich 10 Millionen Flüchtlingen in Obhut des UNHCR weitere 6 Millionen hinzu. Nach einer Untersuchung des Wissenschaftlichen Beirats Globale Umweltveränderungen (WBGU) der Bundesregierung könnte aufgrund des Klimawandels die Zahl schwacher und fragiler Staaten zunehmen und sich die Häufigkeit von Verteilungskonflikten erhöhen.

Der Versicherungskonzern Allianz und die Umweltstiftung WWF rechnen aufgrund des Klimawandels mit Schäden in Billionen-Höhe. Alleine der Anstieg des Meeresspiegels um einen halben Meter bedrohe 136 Millionenstädte an den Küsten und gefährde Vermögenswerte von mehr als 18 Billionen Euro. Sogar ganze Staaten könnten von der Erdoberfläche verschwinden: Beispielsweise bestehen die Malediven aus 1.196 Inseln, deren höchste Erhebung 2,40 Meter über dem Meeresspiegel liegt. Sollte dieser auch nur um einen halben Meter ansteigen, würde ein Großteil der Inseln unbewohnbar. Die Erderwärmung hat schon jetzt dazu geführt, dass in Ländern wie Bangladesch Böden und Grundwasser durch den Anstieg des Meeresspiegels versalzen.

Folgen für Deutschland

Laut dem zweiten Klima-Monitoringbericht der Bundesregierung ist die mittlere Lufttemperatur zwischen 1881 und 2018 um 1,5 Grad gestiegen – alleine in den vergangenen fünf Jahren um 0,3 Grad. Diese Tendenz dürfte sich in den kommenden Jahren fortsetzen. So werden die Sommer heißer und trockener werden. Bis zum Jahr 2050 rechnet der Deutsche Wetterdienst in Südwestdeutschland, dem Rheinland sowie den Regionen Sachsen-Anhalt und Brandenburg mit jährlich 3 bis 15 zusätzlichen Hitzetagen mit über 30 Grad im Schatten. Bis zum Jahr 2100 könnten es in Süddeutschland sogar 30 zusätzliche Hitzetage sein – und damit rund doppelt so viele wie heute. Steigende Todesraten durch Hitzekollaps oder Herzinfarkt sowie die Schädigung der Bronchien und Lunge durch Ozon und Smog dürften zu den Folgen gehören. Auch lässt die Leistungsfähigkeit von Erwerbstätigen bei hohen Temperaturen rapide nach.

Bisher nur im Süden bekannte Krankheiten wie z.B. Malaria werden mit der Verschiebung der Klimazonen gen Deutschland vorrücken. Auch ist in Zukunft mit einer größeren Verbreitung von Frühsommer-Meningoenzephalitis und Borreliose, von Magen-Darm-Krankheiten, Allergien und Hautkrebs zu rechnen. Für die EU wird von einer Zunahme der Sterblichkeit um 1 bis 4% pro Grad der Erwärmung ausgegangen.

Unter der Trockenheit werden die Schifffahrt und vor allem die Kraftwerksbetreiber leiden: Über die Hälfte des aus der Natur entnommenen Wassers wird in Deutschland von der Energiewirtschaft verbraucht. Steht nicht genügend Flusswasser zum Kühlen zur Verfügung, müssten einzelne Kraftwerke abgeschaltet werden, sodass es zu Stromausfällen kommen wird. Gleichzeitig wird ein steigender Energieaufwand für Klimaanlagen erwartet.

Ferner können Hitze und Trockenheit regional zu Ernteeinbußen führen – wie im Jahr 2018, als der deutschen Landwirtschaft Schäden in Höhe von 700 Millionen Euro entstanden. So müssen neue Getreidearten gezüchtet werden, die mit weniger Wasser auskommen und resistenter gegen Hitze sind. In Wäldern und Parks werden immer mehr Bäume absterben – insbesondere Fichten. So fielen alleine 2018 fast 35 Millionen Kubikmeter Schadholz an. Wärme- und trockenheitstolerante Baumarten wie Buche, Eiche oder Ahorn werden zunehmend Nadelbäume ersetzen. Waldbrände werden häufiger werden, und Schädlinge wie Eichenprozessionsspinner und Borkenkäfer werden zu einer noch größeren Plage werden.

Laut dem Bundesamt für Naturschutz könnten 5 bis 30% der einheimischen Spezies wegen des Klimawandels verschwinden. Jedoch wandern immer mehr Arten aus Südeuropa und anderen Regionen zu (z.B. Bienenfresser, Feuerlibellen, Sandmücken, Purpurreiher, goldgelbe Laufkäfer), bleiben ehemalige „Sommergäste“ wie Stare, Stieglitz oder Kiebitz bereits über den Winter in Deutschland.

Die Winter werden künftig in Deutschland deutlich milder und feuchter ausfallen als heute; der Heizbedarf wird sinken. Beispielsweise wird sich in Bayern bis zum Jahr 2050 die Zahl der Tage mit Dauerfrost halbieren. Es wird aber mit schweren Stürmen und sintflutartigen Regenfällen im Winter gerechnet, verbunden mit Hochwasser und Murenabgängen in den Bergen. So hat zwischen 1881 und 2018 die mittlere jährliche Niederschlagsmenge laut dem zweiten Klima-Monitoringbericht der Bundesregierung um 8,7% zugenommen, wobei der Regen zunehmend im Frühling, Herbst und Winter fällt. Mangels Frost und Schnee wird der Wintersport in große Bedrängnis kommen: Der Klimaforscher Christoph Schneider von der Rheinisch-Westfälischen Technischen Hochschule geht davon aus, dass zwischen 2020 und 2030 die Zahl der Schneetage in Lagen unter 900 Meter aufgrund des Klimawandels erheblich zurückgehen wird. Spätestens ab dem Jahr 2040 wird es dort keinen kommerziellen Wintersport mehr geben.

Außerdem müssen sich die Küstenländer auf höhere Sturmfluten einstellen. Das Forschungszentrum Geesthacht erwartet, dass Sturmfluten an der Nordsee bis zum Ende des Jahrhunderts um bis zu 1,1 Meter höher sein könnten als bisher. Der derzeitige Küstenschutz müsse spätestens ab 2030 verbessert werden. Der Umweltorganisation WWF zufolge könnte der Meeresspiegel bis 2050 um 55 Zentimeter steigen. Dadurch würden wertvolle Lebensräume wie Salzwiesen, Auwälder und Flachwasserzonen in den Flussmündungen von Elbe, Weser, Ems und Eider verloren gehen. Bei einem Anstieg des Meeresspiegels um 1 Meter würden an der Nord- und Ostsee 14.000 Quadratkilometer Küste und Hinterland unter der Wasserlinie liegen – derzeit Lebensraum von mehr als 3 Millionen Menschen.

Es gibt allerdings auch ein ganz anderes – aber ebenfalls negatives – Szenario für Europa: So könnte ein durch die Erwärmung der Atmosphäre bedingtes Zusammenbrechen des Golfstroms zu einer neuen „Eiszeit" führen. Diese könnte innerhalb von drei Jahren einsetzen und z.B. Skandinavien in eine Eiswüste verwandeln. Schließlich liegt Europa auf den gleichen Breitengraden wie Mittelsibirien, Südgrönland und Nordkanada...

Im Gegensatz zu den meisten Wissenschaftler/innen negieren einige wenige Fachleute den Klimawandel bzw. die damit verbundenen Folgen. Sie verweisen z.B. darauf, dass allein in den letzten 2.000 Jahren mehrere Phasen der Erderwärmung bzw. -abkühlung beobachtet wurden. So war die Weltdurchschnittstemperatur zur Römerzeit und während der mittelalterlichen Wärmeperiode höher als heute. Vor zuletzt 6.000 bis 7.000 Jahren war die Arktis sogar periodisch eisfrei. Zudem würden Pflanzen von einem Kohlendioxid-Anstieg in der Atmosphäre profitieren: Zu Zeiten der Dinosaurier war der Anteil des Kohlendioxids drei- bis fünfmal so hoch wie heute – und das Pflanzenwachstum enorm. Dementsprechend würden auch die landwirtschaftlichen Erträge größer sein.

Insbesondere in den USA gibt es einige Wissenschaftler/innen, die der Meinung sind, dass man in Zukunft die Folgen des Klimawandels durch „Geoengineering" mildern wird – z.B. durch die Reduzierung der Sonneneinstrahlung mit Hilfe des Versprühens kleinster Partikel in der Stratosphäre, durch die Düngung der Ozeane zwecks Förderung des Algenwachstums (benötigt Kohlendioxid) oder durch das Weißstreichen von Dächern (reflektiert Sonnenstrahlen).

Zukunftstechnologien

Wirft man einen Blick zurück in die Menschheitsgeschichte, so kann man feststellen, dass die technische Entwicklung exponentiell verläuft: Sie hat sich von Jahrhundert zu Jahrhundert beschleunigt – und wird in den kommenden Jahrzehnten noch schneller werden. Weltweit steigt die Zahl der Wissenschaftler/innen, Ingenieur/innen und Techniker/innen immer weiter an; sie „produzieren" immer mehr Wissen, und so werden technische Neuerungen immer rascher entwickelt. Dementsprechend verzeichnen die Märkte für die auf dieser Seite vorgestellten Technologien hohe Wachstumsraten.

Energieerzeugung

Um den Klimawandel zu bremsen und als Reaktion auf die zurückgehenden Vorräte an fossilen Brennstoffen werden in den kommenden Jahren Verfahren zur Nutzung von erneuerbaren Energien wie z.B. Windkraft, Sonnenenergie, Geothermie, Wasserkraft (inkl. Nutzung der Gezeiten) und Biomasse weiterentwickelt werden. In der EU soll im Jahr 2030 ein Anteil dieser Energien am Energiegesamtverbrauch von mindestens 32% erreicht werden (2018: 18%). Die Internationale Energieagentur (IEA) geht davon aus, dass im Jahr 2040 weltweit ein Viertel des Verbrauchs durch erneuerbare Energien gedeckt werden wird.

Als Alternativen zu Benzin und Diesel wurden in den letzten Jahren zunehmend Bioethanol aus Zuckerrohr und stärkehaltigem Getreide sowie Biodiesel aus Raps- oder Sojaöl produziert. Laut der EU-Richtlinie 2018/2001 sollen die EU-Mitgliedsstaaten ihren Kraftstoffverbrauch im Jahr 2025 zu 1% und 2030 zu mindestens 3,5% mit Biokraftstoffen abdecken. Allerdings erfolgt derzeit die Herstellung von Biokraftstoffen auf Kosten der Nahrungsmittelproduktion und trägt damit zur Verteuerung von Grundnahrungsmitteln bei. Ferner werden in vielen Teilen der Welt Naturlandschaften (z.B. Urwälder) zerstört, um dort Ölsaaten in Monokulturen anzupflanzen. Jedoch gibt es inzwischen Alternativen: Cellulose-Ethanol und BtL-Kraftstoff („Biomass to Liquids") werden aus Rohstoffen wie Chinaschilf, Stroh oder Holz und aus organischen Abfallprodukten hergestellt. Laut der Internationalen Energieagentur könnten aus 10% der weltweiten Abfälle der Land- und Forstwirtschaft 125 Milliarden Liter Diesel bzw. 170 Milliarden Liter Ethanol pro Jahr produziert werden, womit mehr als 4% des Kraftstoffverbrauchs im Transportsektor gedeckt werden könnten.

In einigen Jahrzehnten wird auch der Algenkultur eine große Bedeutung zukommen: Da Algen zu 30 bis 60% Öl enthalten und sowohl in Süß- als auch in Salzwasser gezüchtet werden können, lassen sich mit ihrer Hilfe gleich mehrere Probleme lösen: (1) Aus Algen können Biodiesel, Ethanol, Biogas und Hydrogen CO_2-neutral gewonnen werden. (2) Für die Algenzucht könnten sowohl Abwässer (z.B. aus der Landwirtschaft) als auch Abgase von mit Kohle betriebenen Kraftwerken verwendet werden. (3) Algen ließen sich auf landwirtschaftlich nicht oder nur wenig genutzten Flächen züchten – auch in Wüstenregionen nahe der Küsten (Nord-/ Ostafrika, Mittlerer Osten, Südwesten der USA usw.). (4) Viele Arten von Algen sind essbar oder könnten als Fisch- bzw. Tierfutter verwendet werden – neu gezüchtete Sorten sind auch reich an Omega-3-Fettsäuren. (5) Aus Algen können wie aus Erdöl Plastik und Grundstoffe für die chemische Industrie gewonnen werden.

Aber auch die Atomenergie hat Zukunft, selbst wenn Deutschland bis Ende 2022 alle verbliebenen AKWs abschalten wird. Weltweit waren Ende 2019 laut der Internationalen Atomenergiebehörde 443 Atomkraftwerke in Betrieb und 54 AKWs im Bau. Weitere sind geplant – darunter auch einige Brutreaktoren. Mit dem Bau von kommerziellen Fusionskraftwerken wird aber erst nach 2040 gerechnet.

In 60 Ländern werden noch neue Kohlekraftwerke gebaut oder sind in Planung. Werden alle Vorhaben realisiert, würde die weltweite Stromproduktion aus Kohle laut der „Global Coal Exit List" von 2019 um fast 29% steigen. Da solche Kraftwerke aber sehr viel Kohlendioxid produzieren und damit zum Klimawandel entscheidend beitragen, wird die Kritik an ihnen immer lauter. Deshalb sollen sie durch das Abscheiden von Treibhausgasen „sauber" werden. Durch die energieaufwendige Abscheidung, die Verflüssigung und den Transport dürfte aber der Wirkungsgrad der Kraftwerke um 10 bis 15% sinken. Es gibt aber auch Länder, die in Zukunft auf diese Energiequelle verzichten wollen. So hat z.B. die Bundesregierung im

Jahr 2019 beschlossen, dass alle deutschen Kohlekraftwerke bis spätestens 2038 vom Netz genommen werden sollen.

Im Bereich der Energietechnik stehen noch zwei weitere Herausforderungen an: Zum einen müssen Technologien weiterentwickelt werden, die zu mehr Effizienz bei der Energienutzung führen – also z.B. Energiesparlampen, Kraft-Wärme-Kopplung, Brennwertkessel oder Niedrigenergie-Gebäude. Zum anderen muss ein modernes Energienetz geschaffen werden: Off- und Onshore-Windparks, Solarfelder und Solarpanels auf Hausdächern produzieren nicht kontinuierlich Strom, sondern müssen mit traditionellen Kraftwerken und Blockheizkraftwerken vernetzt werden, die bei Bedarf zugeschaltet werden. In solchen „Smart Grids" kann auch der individuelle Verbrauch so gesteuert werden, dass sich z.B. Haushaltsgeräte wie Waschmaschinen, Trockner oder Kühlschränke dann von selbst einschalten, wenn Strom besonders billig ist. Außerdem sollen die Zähler anzeigen, welches Gerät wie viel Energie verbraucht. Wenn besonders viel ökologisch erzeugte Energie zur Verfügung steht, könnte diese in ein, zwei Jahrzehnten auch in den Batterien von Elektroautos zwischengespeichert werden. Oder es könnten Kühlhäuser stärker abgekühlt und Schwimmbäder kräftiger geheizt werden, sodass die Kühl- bzw. Heizgeräte zeitweise abgeschaltet werden können, wenn Wind- und Sonnenenergie knapp sind. Nach Schätzungen der Bundesregierung könnte durch ein effizienteres Management der Energieverbrauch von 2,5 Millionen Haushalten eingespart werden.

Fahrzeugtechnik

Aus Gründen des Klimaschutzes sollen Fahrzeuge in Zukunft vor allem mit Strom betrieben werden. Laut der Internationalen Energieagentur (IEA) gab es 2019 weltweit rund 7,2 Millionen Elektroautos. Ihre Zahl werde bis 2030 auf 130 bis 250 Millionen steigen. Markttreiber sind vor allem China mit 3,3 Millionen und die USA mit 1,5 Millionen Fahrzeugen. In Europa gab es den höchsten Marktanteil an Elektroautos in Norwegen mit 56%, gefolgt von Island mit 23% und den Niederlanden mit 15%. In Deutschland lag der Marktanteil nur bei 3%. Dem Shell-Konzern zufolge könnten Elektroautos im Jahre 2050 zur Regel geworden sind.

Aber auch Brennstoffzellenfahrzeuge werden in den kommenden Jahrzehnten eine weite Verbreitung finden. Die Autohersteller Daimler, BMW, Honda und Toyota, der Gaskonzern Linde und weitere Unternehmen haben sich 2017 zum „Hydrogen Council" zusammengeschlossen und wollen gemeinsam die Technik voranbringen. Zudem könne nach einer Analyse der Unternehmensberatung McKinsey über die Optimierung der Verbrennungsmotoren eine bessere Ökobilanz erreicht werden: Die Emissionen neuer Autos könne so von 170 Gramm Kohlendioxid je Kilometer im Jahr 2008 auf 95 Gramm im Jahr 2030 gesenkt werden.

In den letzten Jahren wurden PKWs und LKWs entwickelt, die sich mit Hilfe von GPS, Radar, Ultraschall und 3D-Kameras selbst steuern können. Sie verfügen über eine 360-Grad-Umgebungserkennung. Automatisiertes Fahren könnte zu weniger Unfällen und damit zu weniger Versicherungsfällen sowie zu weniger Verkehrskontrollen und Gerichtsverfahren wegen Verstoßes gegen die Straßenverkehrsordnung führen, aber auch viele Berufskraftfahrer arbeitslos machen. Fahrerloses Fahren ist inzwischen in Kalifornien, Florida und Nevada gesetzlich erlaubt.

Um das Jahr 2025 (Intel) oder 2030 (Volkswagen) herum werden PKWs mit anderen Fahrzeugen kommunizieren und selbständig per Autopilot den Weg zum vorgegebenen Ziel finden. Dann werden sie nicht mehr nur ein Transportmittel sein, sondern auch „Büro" und „Zuhause": Da man sich nicht auf den Verkehr konzentrieren muss, kann man Telefonate erledigen, im Internet recherchieren, Filme anschauen oder sich mit geschlossenen Augen entspannen. Zudem wird man keine Zeit mehr mit der Parkplatzsuche verschwenden: Der PKW setzt den Fahrgast dort ab, wo er hin möchte, sucht sich dann selbständig einen Parkplatz und holt den Fahrgast an einer beliebigen Straßenecke wieder ab. Ferner wird erwartet, dass immer mehr Menschen auf einen eigenen PKW verzichten und von Mitfahrdiensten, Roboter-Taxis oder Car-Sharing-Angeboten Gebrauch machen werden. Um das Jahr 2030 herum werden auch viele Innenstädte für private Verkehrsmittel gesperrt sein.

Selbst fahrende und mit anderen Fahrzeugen kommunizierende LKWs (und PKWs) können in Kolonnen mit Minimalabstand fahren und werden dann aufgrund des verminderten Luftwiderstandes weniger Treibstoff verbrauchen. Viele PKWs werden in Zukunft auch fliegen können: Bereits seit 2012 gibt es das „Terrafugia Transition" – ein Auto mit Klappflügeln, dass für 280.000 $ erworben und mit einer Fluglizenz geflogen werden kann. Ferner werden derzeit Autos entwickelt (z.B. „Moller Skycar", „X-Hawk" und „SkyRider"), die mit Hilfe von Hubrotoren senkrecht aufsteigen und landen können. Die NASA arbeitet bereits an einer „Himmelsautobahn", auf der Autos auf mehreren Spuren fliegen könnten.

Flugzeuge werden in Zukunft Treibstoff sparen, wenn sie in von Computern gesteuerten Schwärmen fliegen – oder die Form eines breiten, flachen Flugkörpers („fliegende Flügel") annehmen. Züge werden immer schneller fahren – z.B. als Magnetschwebebahnen mit bis zu 430 km/h und in Verbindung mit Vakuumtunneln sogar mit höheren Geschwindigkeiten als die Flugzeuge von heute. In Städten wird es Schwebebahnen geben, und Straßenbahnen, die auf Schienen beiderseits der Fahrbahn fahren und so hoch bzw. breit sind, dass sie über den Straßenverkehr gleiten.

Informations- und Kommunikationstechnologie

Zu Beginn des 21. Jahrhunderts sind Computer sowohl im beruflichen als auch im privaten Bereich allgegenwärtig. In den kommenden Jahren wird ihre Leistung weiterhin exponentiell zunehmen. Zu diesem Zweck werden auch neue Technologien entwickelt: Beispielsweise hat die Firma D-Wave-Systems im Jahr 2012 mit „D-Wave-One" den ersten kommerziellen Quantencomputer gebaut, der nicht mehr mit digitalen Datenbits – den bekannten Nullen und Einsen – arbeitet, sondern mit Qubits, die sich gleichzeitig in mehreren Zuständen befinden können. Ferner wird es in absehbarer Zeit Computer mit der Leistungskraft des menschlichen Gehirns geben. Da ein künstliches Hirn nicht an biologische Grenzen stößt, könnte es zu einem „Superhirn" mit einer viel größeren Leistungsfähigkeit weiterentwickelt werden.

Parallel dazu wird an der Verbesserung der Künstlichen Intelligenz (KI) gearbeitet. Bei einer Umfrage des IT-Anbieters Infosys von 2017 berichteten drei Viertel der befragten 1.000 Führungskräfte, dass KI bereits in größerem Rahmen in ihren Unternehmen eingesetzt werde. Einer Studie der Unternehmensberatung Arthur D. Little von 2019 zufolge könnte in Deutschland das Umsatz- und Kosteneinsparpotenzial durch KI bis 2025 z.B. in den Branche „Handel, Konsum" bei 97,5 und in der Branche „Energie, Umwelt, Chemie" bei 96,3 Milliarden Euro liegen. Das Ziel ist letztendlich, einen denkenden Computer mit eigener „Persönlichkeit" zu entwickeln. Der Erfinder und Sachbuchautor Raymond Kurzweil geht davon aus, dass nur eine solche „Singularität" auf Dauer mit dem wissenschaftlichen und technischen Fortschritt mithalten könne – und diesen beschleunigen wird. So würde die künstliche Intelligenz bereits in den 2040er Jahren tausende Mal klüger als die menschliche Rasse sein.

In Zukunft werden immer mehr Erfindungen mit Hilfe „evolutionärer" Computerprogramme gemacht werden, wie sie schon jetzt z.B. von der NASA verwendet werden. Hier wird das zu entwickelnde Produkt zunächst genau definiert. Der Computer produziert dann eine erste Generation möglicher Produkte nach dem Zufallsprinzip. Mit Hilfe von Simulationen wird erfasst, inwieweit sie den Spezifikationen entsprechen. Danach werden – wie bei der Evolution – die ungeeigneten Produkte eliminiert („natürliche Auslese") und bessere Versionen variiert („Mutationen") oder miteinander verschmolzen („Paarung"). Dieser Prozess wird fortgesetzt, bis die Simulationen ergeben, dass das Endprodukt „perfekt" ist. Da die Software nicht mit so vielen „Voreinstellungen" wie menschliche Erfinder arbeitet, können ganz überraschende Designs zustande kommen und neuartige Materialien verwendet werden. Auch Probleme unterschiedlichster Art könnten mit Hilfe evolutionärer Algorithmen gelöst werden.

Eine weite Verbreitung werden die RFID-Systeme („Radio-Frequency Identification") finden, mit deren Hilfe Gegenstände und Lebewesen automatisch identifiziert und lokalisiert werden können. RFID-Transponder, die so klein wie ein Reiskorn sein können, speichern und übertragen Daten. So sind z.B. ein papierloser Transport und – in absehbarer Zeit – automatische Kassensysteme in Supermärkten und Kaufhäusern möglich. Auch wird es weniger Diebstähle geben, wenn alle (wertvollen) Gegenstände dank eingebauter Chips jederzeit lokalisiert werden können.

In den kommenden Jahren werden immer mehr Gegenstände im „Internet der Dinge" miteinander kommunizieren. Laut Cisco werde die Anzahl vernetzter Geräte von weltweit 30 Milliarden (2020) auf ca. 500 Milliarden im Jahr 2030 steigen. Der Auswertung der von ihnen erzeugten Daten („Big Data") wird eine immer größere Bedeutung zukommen.

Anstatt über Tastaturen werden Daten zunehmend per gesprochene Sprache eingegeben werden. Inzwischen kennen viele Geräte die Stimme ihrer Besitzer/innen und werden über diese gesteuert. Aber auch die Gesichtserkennung wird immer besser: Schon jetzt schalten sich manche Smartphones ein, wenn sie ihre Eigentümer/innen „sehen". Bald werden sich dann auch Wohnungs- oder Autotüren von selbst öffnen.

Die Informationstechnik wird zunehmend von Verkehrsleitsystemen verwendet werden, die Ampelphasen optimieren, Umleitungen empfehlen, Warnmeldungen direkt von Autos an andere Fahrzeuge weitergeben und Fahrer/innen auf dem kürzesten Weg zu freien Parkplätzen führen. So könnte der Verkehr wieder fließen – in manchen asiatischen Großstädten liegt die Durchschnittsgeschwindigkeit derzeit bei weniger als 10 Kilometer in der Stunde.

Der Personennahverkehr wird durch vollautomatische Metrosysteme optimiert werden, bei denen sich die Kapazität jederzeit an die Nachfrage anpasst. In New York können die Taktzeiten in der Rush-hour schon auf 1,5 Minuten verkürzt werden. Im öffentlichen Nah- und Fernverkehr kann das Smartphone bereits jetzt als „digitaler Lotse" verwendet werden, der Kund/innen durch den Dschungel von Fahrplänen und Tarifen hilft. Auch das Bezahlen von Fahrkarten, Parkgebühren und anderen (kleineren) Beträgen wird häufiger über Smartphones abgewickelt werden.

Personal Computer werden zunehmend durch Laptops und Tablets ersetzt, mit denen immer und überall das Internet genutzt werden kann. Aber auch mit Smartphones wird auf das Internet zugegriffen. So werden immer mehr Apps und Dienste nur noch für mobile Geräte entwickelt. Laut dem Statistischen Bundesamt nutzten im ersten Quartal des Jahres 2020 bereits 90% der Deutschen ab 10 Jahren das Internet. Statista zufolge verbrachten sie 2018 rund 196 Minuten pro Tag im Internet – die 12- bis 19-Jährigen sogar 214 Minuten.

Ende 2018 hatte bereits mehr als die Hälfte der Menschheit Zugang zum Internet. Dieses wird in den kommenden Jahren noch schneller werden. Derzeit wird in Deutschland der Mobilfunkstandard der fünften Generation, kurz 5G, eingeführt. Dann sind Datenraten von bis zu 10 Gigabit pro Sekunde möglich.

Zugleich wird das Internet immer sozialer. Im Jahr 2020 verzeichneten laut Statista z.B. Facebook weltweit 2,45 Milliarden, YouTube 2 Milliarden und WhatsApp 1,6 Milliarden aktive Nutzer/innen. Je mehr persönliche Informationen Menschen bewusst oder unabsichtlich im Internet (auf sozialen Websites, in Blogs, bei Einkäufen usw.) preisgeben, umso lohnender wird es für Unternehmen, diese Daten zu erfassen und dann z.B. personalisierte Werbung zu versenden. Alle Informationen können auf Dauer gespeichert werden – so bleiben beispielsweise „Jugendsünden" auf Jahrzehnte hinweg dokumentiert. Zudem kann bei Verwendung mobiler Geräte wie Smartphones oder Tablets der Platz bestimmt werden, an dem sich die jeweilige Person befindet, sodass auch ortsbezogene Werbung möglich wird.

Ferner werden Menschen zunehmend über soziale Netzwerke manipuliert. So wurde festgestellt, dass z.B. vor der Wahl von Donald Trump zum US-Präsident das Internet mit „fake news" geradezu überschwemmt wurde – bis hin zu „hate speech". Solche Falschnachrichten verbreiten sich rasant, wenn sie von vielen Menschen geteilt werden. Inzwischen gibt es auch „social bots", kleine Computerprogramme, die in sozialen Netzwerken menschliche Nutzer simulieren. Sie reagieren z.B. auf spezifische Hashtags, setzen dann bestimmte Informationen ab oder initiieren neue Tweets. Zugleich entstehen im Internet „Echo-Räume", in denen sich Menschen aufhalten, die einer bestimmten Ideologie oder politischen Richtung anhängen bzw. eine ähnliche Meinung haben. Sie abonnieren jene Kanäle, deren Feeds ihre Sicht der Dinge bestätigen, und tauschen sich vorwiegend mit Gleichgesinnten aus. So kommt es zu einer stärkeren Abgrenzung von Gruppen, oft verknüpft mit einer abnehmenden Dialogfähigkeit gegenüber Andersdenkenden und gelegentlich verbunden mit einer Radikalisierung oder gar mit einer Spaltung der Gesellschaft (wie z.B. in den USA zwischen Demokraten und Republikanern).

Hinzu kommt, dass immer mehr Daten über den einzelnen Menschen von Dritten gesammelt und gespeichert werden: im Gesundheitssystem, von Banken und Versicherungen, von Behörden, von

Telefongesellschaften und Geheimdiensten, durch Überwachungskameras, dank der Einbettung von RFID-Tags in der Kleidung usw. Somit werden Datenschutz und Privatsphäre immer weniger gegeben sein. Niemand wird mehr die völlige Kontrolle über die Weitergabe und Verwendung persönlicher Daten haben.

Wie weit dies gehen kann, zeigt das Beispiel China: Hier soll in den kommenden Jahren ein landesweites „Sozialkredit-System" eingeführt werden, das schon seit mehreren Jahren in vielen Großstädten getestet wird. Dazu werden systematisch Daten über das berufliche und soziale Verhalten der Bürger/innen, ihre Zahlungsmoral und ihr Kommunikationsverhalten (in sozialen Medien) gesammelt, zusammengeführt und bewertet. Pluspunkte werden bei Wohlverhalten, besonderen beruflichen Leistungen, Vertrauenswürdigkeit, wohltätiger Arbeit usw. vergeben und z.B. mit einer Beförderung, einem leichteren Zugang zu Krediten, der Zulassung zu besseren Hochschulen, der Mitgliedschaft in der Kommunistischen Partei oder einer öffentlichen Belobigung belohnt. Minuspunkte sind bei Gesetzesverstößen, Verkehrsdelikten, Steuerrückständen, kritischen Aussagen über das politische System, unhöflichem Verhalten, Umweltverschmutzung oder mangelnder Versorgung alter Eltern fällig und werden beispielsweise mit dem Verbot des Erwerbs von Immobilien und Wertpapieren oder mit Mobilitätseinschränkungen sanktioniert (laut Handelsblatt durften Chinesen 2018 in 17,5 Millionen Fällen keine Flugtickets und in 5,5 Millionen Fällen keine Fahrkarten für Fernzüge kaufen). Neben Bürger/innen haben auch Unternehmen ein Sozialkredit-Konto und werden dem Punktestand entsprechend gefördert oder bestraft. In China hat ein solches staatliches Bewertungs- und Steuerungssystem viele Befürworter/innen, aber auch in Deutschland wird es nicht von allen Menschen abgelehnt: Laut einer repräsentativen Studie von YouGov und Sinus-Institut würden 17% aller Befragten ein derartiges System für Deutschland befürworten; weitere 15% hatten zu dieser Frage keine Meinung und lehnten ein digitales Kontrollsystem somit nicht grundsätzlich ab.

Andere digitale Risiken sind Identitätsdiebstahl und Internetkriminalität. Deshalb wird in den kommenden Jahren die eindeutige Identifizierung von Personen im Internet immer wichtiger werden – sie ist eine wesentliche Voraussetzung für eine sichere digitale

Kommunikation. So dürften zunehmend biometrische Verfahren wie Iris- oder Fingerabdruckscanner zum Identitätsnachweis verwendet werden.

Aber auch Unternehmen und Behörden sind gefährdet, da bei dem rasch expandierenden Cloud Computing immer mehr Programme über das Internet genutzt und immer mehr Daten online in zentralen Datenzentren gespeichert werden. Beispielsweise nutzten im Jahr 2019 laut einer repräsentativen Umfrage von Bitkom Research bereits 76% der deutschen Unternehmen mit mindestens 20 Mitarbeiter/innen Cloud Computing. So werden Wirtschaft und Staat immer verletzlicher; Hacking und sogar „Cyberwars" sind reale Bedrohungen. Im Jahr 2018 führten Cyberangriffe schon zu Verlusten von schätzungsweise 400 Milliarden $. Allerdings sind Clouds auch ein großes Geschäft – die Marktforscher Gartner Inc. rechnen mit einer Steigerung der Erlöse von 214,3 Milliarden $ im Jahr 2019 auf 331,2 Milliarden im Jahr 2022.

Im Freizeitbereich setzen sich internetfähige Smart-TV-Geräte mit Full HD oder Ultra HD durch. Immer mehr Menschen werden Video-on-Demand nutzen, da dank Breitbandanschluss, Highspeed-Netz und Glasfaserverbindungen immer größere Datenmengen übertragen werden können. Auch werden Menschen zunehmend über das Internet Musik anhand von Playlists hören, die nach ihren Vorlieben zusammengestellt werden. Laut einer Studie von Goldbach (2020) haben bereits 41 Millionen Deutsche Zugang zu Streaming-Diensten.

Dem Verband der deutschen Games-Branche zufolge steigt die Zahl der Nutzer/innen von Video- und Computerspielen weiter an – im Jahr 2020 waren es bereits 34,3 Millionen Menschen mit einem Durchschnittsalter von 37,5 Jahren, die rund 6,2 Milliarden Euro für ihr Hobby ausgaben. Allerdings betrug der Marktanteil von in Deutschland entwickelten Spielen gerade einmal 4,9% (2019). In den kommenden Jahren werden Menschen immer mehr Zeit in virtuellen Welten verbringen – ein Treffen von Avatars ist dann genauso wirklich wie ein Telefonat. Zudem werden Internetnutzer/innen sich immer häufiger an Rollenspielen beteiligen. Schon jetzt kann dreidimensionale Computergrafik über Brillen bzw. Helme direkt auf die Retina projiziert werden. Dies ermöglicht das vollständige Eintauchen in eine in Echtzeit computergenerierte, interaktive virtuelle

Umgebung. Auch muss nicht mehr nur zu Hause gespielt werden: So entstehen bereits die ersten virtuellen Freizeitparks, in denen mehrere Spieler/innen aufeinander treffen.

Roboter und Androiden

Die Robotik wird sich in den kommenden Jahren zu einer Großindustrie entwickeln. Laut der International Federation of Robotics betrug der weltweite Bestand an Industrierobotern 2.722.077 Einheiten (2019). Im China wurden 140.492, in Japan 49.908, in den USA 33.339, in Südkorea 27.873 und in Deutschland 20.473 Roboter neu installiert. Diese fünf Länder deckten damit 73% aller Roboterinstallationen ab. Ferner gab es weltweit rund 173.000 „Professional Service Robots", 18,6 Millionen „Domestic Service Robots" und 4,6 Millionen „Service Robots for Entertainment". Aufgrund der Corona-Pandemie und der damit verbundenen Wirtschaftskrise werde der Absatz von Robotern in den Jahren 2020 und 2021 niedriger als in den Vorjahren sein.

In Fabriken werden immer mehr Arbeitsgänge von Robotern übernommen; diese werden in Zukunft aber auch im Hoch- und Tiefbau sowie in vielen anderen Wirtschaftszweigen eingesetzt werden. Es werden Roboter für die Internationale Weltraumstation, sechsbeinige Roboter für zukünftige Einsätze auf dem Mond (sie können nicht umkippen), Unterwasserroboter für die Erkundung der Tiefsee und die Arbeit in trüben Hafenbecken sowie landwirtschaftliche Roboter für das Melken von Kühen oder das Ernten von (Feld-) Früchten gebaut. In immer mehr Krankenhäusern werden Roboter bei Operationen eingesetzt.

Inzwischen empfangen Roboter Besucher/innen im Foyer von Firmen und Behörden, überwachen ein Gebäude bzw. Gelände, rollen mit dem Staubsauger durch Gänge oder wischen Fußböden. In Japan kann man eine Einkaufsliste an einen Supermarkt senden, und schon flitzt ein Roboter durch die Regalreihen und scannt die Produkte. Kommt der Kunde, begrüßt der Roboter ihn am Eingang und führt ihn zu den Produkten. Zugleich macht er Vorschläge zum Einkauf. In Kantinen und Heimen schneiden Roboter Gemüse, garnieren Sushi-Gerichte, servieren Essen und füttern Pflegebedürftige mit dem Löffel. Sie können gehbehinderte Menschen transportieren und Patient/innen nach Operationen bei der Rehabilitation helfen.

Roboter werden auch im militärischen Bereich eine große Rolle spielen: So können sie für das Erkunden feindlichen Terrains, den Transport schwerer Lasten, die Minensuche und das Sprengen von Bomben eingesetzt werden. In Zukunft wird es eine automatisierte Kriegsführung geben, bei der Drohnen und Kampfroboter die „militärische Drecksarbeit" erledigen. Neben bewaffneten oder Bomben tragenden Drohnen wird es dann auch insektengroße geben, die beim Erkunden feindlicher Stellungen unbemerkt bleiben. Erste Modelle wie z.B. der „Nano-Kolibri" von Aerovironment oder die „SilMach-Libelle" werden bereits erprobt.

Ferner werden Roboter für das Alltagsleben entwickelt: In wenigen Jahren werden Roboter Einkäufe nach Hause tragen, die Wohnung putzen und am Abend mit Musikdarbietungen unterhalten. So wurden bereits Roboter entwickelt, die z.B. singen oder Violine spielen können. Zugleich werden die Roboter dem Menschen immer ähnlicher: Beispielsweise wurde die Androide „Repilee Q2" der japanischen TV-Moderatorin Ayako Fujii nachempfunden – auf den ersten Eindruck wirkt sie wie ein Mensch. Auch können Roboter immer besser kommunizieren – Roboter „Jules" von Hanson Robotics kann bereits komplexe Konversationen mit seinen menschlichen Gesprächspartner/innen führen. Kinder behandeln Androide wie Gleichgestellte und erkundigen sich z.B. nach deren Alter, Lieblingsfarbe usw.; Erwachsene trauen hingegen eher Robotern, die wie Maschinen aussehen, und gehen mit ihnen wie mit Untergebenen bzw. Dienern um. Dies könnte sich aber bald ändern: In 10 bis 15 Jahren könnten Androide Spielkameraden von Kindern, Sexualpartner/innen von Erwachsenen oder Lebensgefährt/innen von vereinsamten Senior/innen sein.

Der Wissenschaftsautor David Levy geht davon aus, dass um das Jahr 2050 herum Roboter auch ein dem Menschen ähnliches Bewusstsein und Gefühle haben werden. „Emotionen" könnten immer besser gezeigt werden, da sie von typischen Gesichtsausdrücken, die universell ähnlich sind, begleitet werden. So können bereits Wut, Liebe oder Freude täuschend ähnlich simuliert werden. Wenn sich

Roboter wie Personen verhalten, wird es Menschen geben, die Androiden gegenüber Gefühle empfinden und sich sogar in sie verlieben.

Je besser die künstliche Intelligenz wird, umso klüger werden auch Roboter werden. Sie werden zunehmend lernfähig sein (durch Nachahmung, Reflexion, Vorausdenken etc.) und dank unterschiedlicher Konstruktionsformen Aufgaben übernehmen, die Menschen nicht erledigen können. Schließlich – vermutlich nach dem Jahr 2040 – werden Roboter intelligenter und leistungsfähiger als Menschen sein. Auch können sie dann jederzeit auf das gesamte Wissen in der Cloud zurückgreifen. Roboter werden ihre eigenen „Nachkommen" konstruieren, die immer besser – und den Menschen weit überlegen – sein werden. Da sie nicht atmen müssen und sich für längere Zeit abschalten können, werden sie weiter ins Weltall vorstoßen als Menschen und könnten auf dem Mond und anderen Planeten Bergwerke und Fabriken betreiben. Vielleicht werden sich sogar Superintelligenzen formen, die u.U. die Weltherrschaft übernehmen, die Erde umgestalten und sogar die Menschen ersetzen könnten – die eventuell noch als Uploads in der Cloud weiter existieren werden...

Die Eroberung des Weltraums

Über Jahrzehnte hinweg waren die USA und die Sowjetunion die einzigen Staaten, die bemannte Raumflüge durchführen und den Mond erreichen konnten. Im Jahr 2003 hat dann China den ersten „Taikonauten" mit einem Raumschiff in die Erdumlaufbahn geschickt, vier Jahre später wurde eine Raumsonde zum Mond gesandt, und 2011 folgte die Weltraumstation Tiangong 1. Raumsonden wurden auch von der Europäischen Weltraumorganisation ESA (ab 1985), von Japan (ab 1985) und von Indien (ab 2008) ins Weltall geschickt.

In den USA ist die Raumfahrt in den letzten Jahren zunehmend privatisiert worden: Beispielsweise werden inzwischen „Antares"-Raketen und „Cygnus"-Raumschiffe der Orbital Sciences Corporation sowie „Falcon 9"-Raketen und „Dragon"-Raumschiffe der Space X Corporation für Transporte zur Internationalen Raumstation (ISS) eingesetzt. In den kommenden Jahren soll auch ein Weltraumtourismus entstehen.

Um das Jahr 2025 herum könnte eine bemannte Raumstation um den Mond kreisen, die von NASA, Roskosmos und anderen Raumfahrtbehörden nach dem Vorbild der ISS betrieben wird. Russland will bis 2030 erstmals einen Kosmonauten auf dem Mond landen lassen. Bernard Foing, Chef-Wissenschaftler der ESA, hält eine bemannte Raumstation auf dem Mond bis 2030 für möglich. Um die Mitte der 2030er Jahre herum könnten die ersten Menschen zum Mars fliegen – aufgrund der hohen Kosten wahrscheinlich im Rahmen einer von mehreren Ländern finanzierten Mission. Pläne, Rohstoffe auf Planeten oder Kometen abzubauen, im Weltraum künstliche Lebensräume für eine größere Anzahl von Menschen zu schaffen oder andere Sternensysteme zu erreichen, werden aber noch auf absehbare Zeit Utopien bleiben.

Nanotechnologie

Seit einigen Jahren werden in der Industrie zunehmend Nanopartikel eingesetzt, die aus wenigen bis einigen tausend Atomen oder Molekülen bestehen. Beispielsweise werden Nanoteilchen aus Titandioxid, Carbon Black, pyrogenen Kieselsäuren, Siliziumdioxid usw. in der Kosmetik (für die optische Faltenreduzierung, als UV-Filter in Sonnenschutzcremes usw.), bei der Herstellung von Farben (als Effektpigmente, als Bindemittel, für selbstreinigende Oberflächen), in der Elektronik (zum Polieren von Silizium-Wafern), in der Medizintechnik (als Transportmedium für Medikamente, für die antibakterielle Beschichtung von Instrumenten, als Kontrastmittel für bildgebende Verfahren, für biokompatible Implantate), in der Reifenindustrie (zur Erhöhung der Abriebbeständigkeit, Haftung und Elastizität) und bei der Herstellung von Kunststoffen (als Verdickungsmittel, als Schwarzpigment) eingesetzt. Nanopartikel eignen sich hervorragend als Katalysatoren chemischer Reaktionen, sei es in der technischen Produktion oder in der Abgasreinigung. Nanoröhrchen aus Kohlenstoff sind härter als Stahl, leiten Elektrizität nahezu widerstandslos, filtern Substanzen, die durch sie hindurch laufen, und können in ihrem Inneren andere Materialien speichern.

Mit der zunehmenden Produktion von Nanopartikeln werden diese immer häufiger in den Boden, das Wasser und die Luft gelangen.

Damit kann durchaus eine Gesundheitsgefährdung verbunden sein. Deshalb hat die EU im Jahr 2012 die Registrierungspflicht nach dem Chemikalienrecht REACH auf Nanomaterialien ausgeweitet. Ferner wurden Verordnungen zu Nanobestandteilen in Kosmetika, Lebensmitteln, Medikamenten und anderen Produkten erlassen.

Mit Hilfe der Nanotechnologie soll Materie auf der atomaren Ebene so manipuliert werden, dass bestimmte Nanostrukturen produziert werden. Durch diese molekulare Fertigung können kleinste Geräte und Motoren entstehen. Beispielsweise wurde an der University of Michigan der „Micro Mote" entwickelt: Es ist so groß wie ein Sandkorn, enthält einen Prozessor und einen Datenspeicher, besitzt eine Internetverbindung und ist dank einer Solarzelle vom Stromnetz unabhängig.

Laut dem Technikautor Andreas Eschbach wird es in Zukunft Nano-Chips geben, mit denen sich Computer weiter verkleinern lassen, Miniatur-Roboter, die im Blutkreislauf schwimmen, nicht mehr funktionierende Zellen reparieren und Krebszellen zerstören, und Nanoassembler (auch „Replikatoren" genannt), die aus einzelnen Atomen nahezu alles – auch sich selbst – produzieren oder jegliche Art von „Müll" in wieder verwertbare Atome zerlegen können. Einer Studie der Universität Stuttgart zufolge liegen in der Nutzung von Nanotechnologien auch Chancen für die Reduzierung des Energieverbrauchs. So könnten die 15 untersuchten Technologien, die alle eine Nanokomponente haben, den Endenergieverbrauch bis 2030 um bis zu 6,7% gegenüber dem Jahr 2005 senken.

Gentechnik und Biotechnologie

Die Gentechnik dürfte vor allem mit Blick auf eine effizientere Landwirtschaft, eine gesündere Ernährung und eine effektivere Produktion nachwachsender Rohstoffe weiterentwickelt werden. Im Jahr 2018 wurden gentechnisch veränderte Pflanzen weltweit auf 191,7 Millionen Hektar angebaut (zum Vergleich: die Gesamtfläche Deutschlands umfasst 35,7 Millionen Hektar). Dabei handelte es sich vor allem um Sojabohnen, Mais, Baumwolle und Raps. Mit gentechnisch verändertem Saatgut wurde 2018 laut FAO weltweit ein Umsatz von 22 Milliarden $ erzielt.

Die meisten gentechnisch veränderten Pflanzen sind Produkte der ersten Generation, die hinsichtlich ihrer Resistenz gegen Insektizide und Herbizide manipuliert wurden, die widerstandsfähiger gegen (die weltweit zunehmende) Trockenheit sind oder die besser mit versalzenen Böden zurechtkommen. Nun werden Produkte der zweiten Generation entwickelt, die gesünder sein sollen oder von der Industrie benötigte Substanzen liefern können. Beispielsweise wird der „Golden Rice" dank neuer Gene mit Vitamin A angereichert, während die „gv-Banane" einen erhöhten Gehalt an Vitamin E, Provitamin A und Eisen aufweist. Ferner wird der Stoffwechsel von Ölpflanzen mit Hilfe von aus Algen stammenden Genen optimiert, um Omega-3 Fettsäuren herzustellen. Vom Mais stammende C4-Gene sollen in Getreidesorten transplantiert werden, da diese dann Sonnenlicht und Kohlendioxid besser nutzen könnten, was die Erträge um rund die Hälfte erhöhen würde.

Mit Hilfe der Gentechnik wird auch das Erbgut von Tieren, Insekten und Pilzen verändert. Beispielsweise sollen Mücken gezüchtet werden, die kein Malaria übertragen können und allmählich die als Überträger wirkenden Anophelesarten verdrängen sollen. Durch neu entwickelte Pilze sollen Schadinsekten infiziert und deren Häufigkeit reduziert oder schädliche Pilze verdrängt werden. Und in Australien versucht man Viren zu züchten, mit denen man der Kaninchenplage Herr werden kann.

Die Biotechnologie befasst sich mit der Nutzung von Enzymen, Zellen und ganzen Organismen in technischen Anwendungen. Mit ihrer Hilfe werden in Zukunft neue Medikamente oder diagnostische Tests entwickelt, Enzyme und chemische Verbindungen produziert und effizientere Verfahren zur Herstellung von Alltagsprodukten wie Waschmittel und Kosmetika geschaffen werden. Beispielsweise machten laut Statista Biopharmazeutika mit 12,7 Milliarden Euro im Jahr 2019 bereits 29% des Gesamtumsatzes auf dem deutschen Pharmamarkt aus. Eine immer größer werdende Bedeutung erfährt auch die Bioinformatik, die sich mit der computergestützten Speicherung, Organisation und Analyse biologischer Daten befasst sowie komplexe biologische Prozesse berechnet und simuliert.

Selbst Lebensmittel wie z.B. Milch, Gelatine, Fisch oder Shrimps werden zunehmend mit Hilfe der Biotechnologie hergestellt werden.

Beispielsweise soll laut Statista der Umsatz mit veganen Fleischprodukten von derzeit 1 Milliarde $ auf 450 Milliarden $ im Jahr 2040 steigen. Das Ziel ist eine „tierfreie Gesellschaft", in der nicht mehr Millionen von Rindern, Schweinen und Hühnern in engen Ställen „dahinvegetieren" müssen. Dann würden auch die von ihnen produzierten klimaschädlichen Gase wegfallen, die derzeit mit knapp 15% zur Luftverschmutzung beitragen.

Die „Aufwertung" des Menschen

Die Gentechnik lässt sich natürlich auch auf den Menschen anwenden. Zunächst dürfte die Genanalyse zum Erkennen von Krankheitsrisiken und zur Abstimmung der Ernährung an Bedeutung gewinnen. Schon heute kann jeder sein Erbgut sequenzieren lassen bzw. sich Gentests unterziehen. Ferner wird immer häufiger von der biochemisch-molekularbiologischen Diagnostik Gebrauch gemacht werden. Auf diese Weise wird die Medizin personalisiert, d.h. kranke Menschen werden unter weitgehender Berücksichtigung ihrer individuellen Eigenschaften behandelt werden. Biochemische Behandlungsverfahren, genetische Modifikationen (z.B. an befruchteten Eizellen), künstliche Gene und Gentherapie werden folgen – aber wohl kaum das Klonen von Menschen. Um das Jahr 2050 herum wird wahrscheinlich die gezielte Aktivierung von Genen möglich sein, die den Alterungsprozess verlangsamen.

In absehbarer Zeit wird man laut dem Zukunftsforscher Matthias Horx Eigenschaften von Kindern wie Augen- oder Haarfarbe vorab festlegen können – aber wohl kaum solche wie Intelligenz oder besondere Begabungen: Bildung, Klugheit, musikalisches oder künstlerisches Talent, sportliche Leistungsfähigkeit, ein gesunder Körper usw. seien in erster Linie vom (Lern-) Verhalten des Kindes bzw. Erwachsenen abhängig. Arthur Caplan von der University of Pennsylvania ist hingegen der Meinung, dass schon in 20 bis 25 Jahren dank Gentechnik und künstlicher Uteri „perfekte" Babys geschaffen werden könnten. Damit wäre die Gefahr verbunden, dass nur reiche Menschen die Kosten schultern und damit ihren Kindern Vorteile verschaffen könnten oder dass Kinder wie Objekte behandelt und von ihren Eigenschaften her immer ähnlicher würden. Abtreibungen würden nicht mehr zum Tod des Fötus führen, da sich dieser in einer künstlichen Gebärmutter weiter entwickeln könne.

Dank zu erwartender Fortschritte in Medizin und Medizintechnik werden Menschen immer gesünder sein und immer älter werden. So werden in den kommenden ein, zwei Jahrzehnten vermutlich Erkrankungen wie Krebs, Diabetes, AIDS, Parkinson oder Alzheimer heilbar sein. Große Hoffnungen werden auch in die Immuntherapie gesetzt. Dementsprechend könnte laut einer Studie des Imperial College London die Lebenserwartung von deutschen Männern bis 2030 auf 82 Jahre und von deutschen Frauen auf knapp 86 Jahre steigen. Allerdings könnte die rasante Zunahme Antibiotika-resistenter Erreger dazu führen, dass wieder mehr Menschen an reinen Infektionskrankheiten sterben werden.

Inzwischen gibt es künstliche Haut, Knochen und Blutzellen – sowie Fingerspitzen, Ohren, Harnröhren und Herzklappen, die aus körpereigenen Stammzellen gezüchtet wurden. Laut Dieter Falkenhagen von der Donau-Universität Krems können immer mehr Organfunktionen erfolgreich ersetzt werden – zum einen durch Systeme aus Materialien wie Kunststoff oder Metallen, zum anderen durch bioartifizielle Systeme, für die biologische Materialien technisch bearbeitet wurden. Falkenhagen geht davon aus, dass die Funktionen des Herzens, der Nieren und des Pankreas bis Mitte des 21. Jahrhunderts längerfristig von künstlichen Systemen übernommen werden können. Die Funktionen von Lunge und Leber seien hingegen sehr komplex und werden wohl auch im Jahr 2050 nicht komplett substituiert werden können.

Überraschend viel ist heute schon möglich: Blinde können dank Sehprothese, Sehchips oder elektronischen Augen sehen; Gehörlose können dank eines Cochleaimplantats wieder hören; körperlich Behinderte können bionische Prothesen direkt über das Nervensystem steuern; und durch einen Gehirnschlag Gelähmte können einen Roboterarm über ein Interface in der Hirnrinde bewegen, das einzelne Neuronen im Motorkortex mit Mikroelektroden verbindet. Bei einem neu entwickelten Hightech-Arm ist die Hand fast so beweglich wie eine Menschenhand; bei der US Air Force befand sich ein Pilot mit einem künstlichen Bein im aktiven Dienst; bei den Olympischen Spielen 2012 nahm ein Sportler am 400m-Lauf und an der 4x400m-

Staffel teil, dessen Füße und Unterschenkel unterhalb des Knies amputiert worden waren. Inzwischen gibt es Exoskelette, mit deren Hilfe Menschen trotz gelähmter Beine gehen – oder gesunde Menschen schwere Lasten tragen – können.

Die Hirnforschung wird wahrscheinlich noch vor dem Jahr 2030 die meisten Geheimnisse des menschlichen Gehirns entschlüsselt haben. Aber schon vorher werden Methoden zur Optimierung des Gehirns entwickelt werden. Dazu werden Tiefenhirnstimulation und Medikamente gehören, mit deren Hilfe Konzentration, Lernen und Gedächtnis gefördert werden können oder die Menschen mit weniger Schlaf auskommen lassen.

Neue, von der Hirnforschung noch zu entwickelnde diagnostische Verfahren könnten dazu benutzt werden, frühzeitig besondere Begabungen zu ermitteln, Lernprogramme zu individualisieren, den Fähigkeiten der jeweiligen Person entsprechende Berufe vorzuschlagen, Arbeitnehmer/innen gezielt für bestimmte Aufgaben auszuwählen oder psychische Krankheiten noch im Entstehungsprozess zu entdecken. Gehirnmessungen könnten in der Zukunft nicht nur verwendet werden, um Verbrecher/innen zu überführen, sondern auch helfen, betrügerische und kriminelle Machenschaften zu verhindern. In den USA gibt es bereits Firmen, die behaupten, mit dem Hirnscanner Lügen besser erkennen zu können als mit klassischen Lügendetektoren. So könne ein weitreichender Einsatz von diesen Geräten zu einer „aufrichtigen Gesellschaft" führen.

Laut Susan Greenfield, Professorin am Lincoln College in Oxford, könnte in absehbarer Zeit das Gehirn technologisch so verbessert werden, dass in ihm künstliche Welten mit Hilfe von Implantaten oder Neurotelepathie erzeugt werden können. Viele Menschen würden dann lieber in virtuellen Welten als in der Wirklichkeit leben; virtuelle Kontakte würden immer mehr persönliche Beziehungen ersetzen. Auch die meisten menschlichen Bedürfnisse könnten dann künstlich befriedigt werden. Die Unterscheidung von Realität und Fiktion werde immer schwieriger werden.

Das Gehirn wird technologisch immer mehr aufgewertet werden – z.B. durch Bio-Chips oder durch Schnittstellen, über die es mit einem Computer verbunden werden kann und über die dann ein „Download" von Informationen möglich wäre. So will die Firma

Neuralink von Elon Musk demnächst erste Tests mit Gehirnchips durchführen. Das Gehirn könnte über diese Schnittstellen Maschinen steuern oder direkt auf das Internet und die dort gespeicherten Wissensbestände zurückgreifen. Aber auch die im Gehirn gespeicherten Daten ließen sich dann in einen Computer übertragen. Durch einen solchen „Upload" könnten nicht nur das Wissen und das Gedächtnis, sondern auch die Persönlichkeit und Psyche eines gerade gestorbenen Menschen transferiert werden. Dann würde ein Individuum im Computer (oder in einem Roboter) weiterleben.

Der Zukunftsforscher Ray Kurzweil geht davon aus, dass das menschliche Gehirn schon in wenigen Jahren nicht mehr den Ansprüchen einer immer komplexer werdenden, hoch technisierten Welt genügen wird. Dann könnte es Atom für Atom mit Hilfe der Nanotechnologie nachgebaut, dabei die Zahl der Neuronen und Synapsen erhöht sowie zusätzliche sensorische und intellektuelle Fähigkeiten ermöglicht werden. Da bisher die Gehirnentwicklung in hohem Maße durch soziale Interaktionen und Erfahrungen geprägt wird, diese aber bei nanotechnologisch hergestellten Gehirnen keine Rolle spielen, bleibt jedoch offen, ob es dann noch ein menschliches Bewusstsein, Emotionen, Sensibilität und Empathie geben wird.

So wird sich in den kommenden Jahrzehnten die Entwicklung des Menschen hin zum Cyborg beschleunigen. Neben Gentechnik und Medikamenten werden dann auch künstliche Gliedmaßen oder Neuroimplantate genutzt werden, um Menschen leistungsfähiger zu machen. Ramez Naam, Zukunftsforscher und Software-Ingenieur bei Microsoft, sieht darin einen Erfolgsfaktor im globalen Wettbewerb. Mit Hilfe von Biotechnologie und Minichips könnten intelligentere, stärkere und sogar perfekte Menschen entstehen. Allerdings bestehe die Gefahr, dass technisch verbesserte „Super-Menschen" (in reichen Ländern) „normale" Menschen (im eigenen oder in ärmeren Ländern) als „minderwertig" betrachten und unterdrücken könnten.

Nach 2040 wird es immer schwerer werden, zwischen Cyborgs und Androiden zu unterscheiden – Letztere werden dann ja wie Menschen aussehen, fühlen und handeln. So wird sich eine komplexe „Mensch-Maschinen-Zivilisation" herausbilden und dynamisch weiterentwickeln. Cyborgs werden aber im Gegensatz zu Robotern immer wieder an ihre biologischen Grenzen stoßen...

Wissensgesellschaft

Während der derzeitigen Übergangsphase von der Industrie- zur Wissensgesellschaft nimmt die Bedeutung der Produktivkräfte Arbeit und Kapital ab, während Wissen immer wichtiger wird – es ist das „kulturelle Kapital" einer Gesellschaft. Durch die schon jetzt mehr als 6.000 Einzeldisziplinen umfassenden Wissenschaften werden immer mehr Kenntnisse produziert werden. Die Aufwendungen für Forschung und Entwicklung werden weiter steigen; der technische Fortschritt wird sich beschleunigen. So wird das technische Wissen von heute nur noch 1% des technischen Wissens im Jahr 2050 ausmachen. Die Globalisierung wird immer mehr zum Motor für die Produktion neuer Erkenntnisse werden, da Unternehmen nur durch „mehr Wissen" auf den Weltmärkten wettbewerbsfähig bleiben können.

In den kommenden Jahrzehnten werden sich laut dem „Wissens-Delphi" Fachgebiete besonders dynamisch entwickeln, bei denen ein enger Zusammenhang zu drängenden Problemen besteht oder von denen ein Beitrag zur Steigerung der wirtschaftlich-technischen Leistungsfähigkeit erwartet wird. Dazu gehören z.B. Informationstechnik, neue Medien, Biotechnologie, Medizin, Umweltschutztechnik sowie Wirtschafts- und Sozialwissenschaften. Auch das Wissensmanagement wird an Bedeutung gewinnen, da die Informationsflut irgendwie bewältigt und aufbereitet werden muss. Hingegen werde die „Wissensproduktion" in den Geisteswissenschaften, in Kunst und Musik sowie in der Grundlagenforschung von Mathematik, Chemie und Physik eher zurückgehen. Insbesondere bei sehr komplexen Problemfeldern, aber auch aufgrund der zunehmenden Spezialisierung und der Informationsflut, wird interdisziplinäre Zusammenarbeit zur Regel werden.

Die Menschen werden sich immer intensiver mit Informationen befassen; der Zugang zu ihnen wird durch neue Technologien weiter erleichtert werden. Ihre Beschaffung und Nutzung werden aber immer mehr zeitliche und intellektuelle Ressourcen binden. Insbesondere ältere Arbeitnehmer/innen werden sich durch die Informationsflut gestresst fühlen. Zudem wird in den weltumspannenden, frei zugänglichen Netzen die Verlässlichkeit von Informationen weiter abnehmen. Beispielsweise steuert Google (laut websitehostingrating. com im Jahr 2020 mit rund 7 Milliarden Anfragen pro Tag die meistgenutzte Suchmaschine), was an Suchergebnissen in welcher Reihenfolge gelistet wird – und berücksichtigt dabei, was über die jeweiligen Nutzer/innen bekannt ist. Aber auch durch die verwendeten Algorithmen wird das von Google gespeicherte Wissen bewertet, gefiltert und vorausgewählt, wobei die verwendeten Kriterien unbekannt sind. Zudem werden in vielen (entwickelten) Ländern über das Internet immer mehr Informationen verbreitet, die wissenschaftlich nicht haltbar sind. Auch werden von radikalen Gruppen Propaganda und andere manipulierende Informationen in das Internet eingespeist. Das bedeutet, dass die Informationsbeschaffung und -überprüfung zu einem individuellen und gesellschaftlichen Optimierungsproblem wird. Die Menschen werden sich immer häufiger als unzureichend informiert erleben, was oft zu Gefühlen individueller Ohnmacht führen dürfte.

Wissensferne Gruppen

Die Wissensgesellschaft bietet dem Einzelnen viele Freiräume, was aber durchaus auch zu Ängsten und Orientierungslosigkeit führen kann. Viele Menschen werden deshalb nach Rückhalt in Gruppierungen mit einer klaren und eindeutigen Ideologie suchen.

Für einen Staat ist es besonders problematisch, wenn sich große Teile der Bevölkerung „wissensfernen" Gruppen anschließen – insbesondere wenn diese die Erkenntnisse ganzer Wissenschaftsdisziplinen negieren. So ergab z.B. eine Umfrage des National Science Board, dass in den USA nur 45% der Befragten der Aussage „Menschliche Wesen, wie wir sie heute kennen, entwickelten sich aus früheren Spezies von Tieren" zustimmten (in Japan waren es 78%, in Europa 70% und in China 69%). Nur 33% der Amerikaner hielten die Aussage „Das Universum begann mit einer großen Explosion" für richtig. Und laut dem „Pew Survey" von 2014 glaubten 31% der Erwachsenen in den USA, dass „Menschen und andere Lebewesen in der jetzigen Form von Anbeginn der Zeit an existieren". Je religiöser die Befragten waren, umso eher stimmten sie dieser Aussage zu – am häufigsten evangelikale Protestanten mit 60%.

Solche Positionen, insbesondere wenn sie wie in den USA auch an vielen Schulen vermittelt werden, führen zu einer kritischen Haltung gegenüber den (Natur-) Wissenschaften. Diese Einstellungen erschweren den Übergang in die Wissensgesellschaft und können somit negative Folgen für Politik und Wirtschaft haben. Zudem wird die Kluft zwischen „wissensnahen" und „wissensfernen" Gruppen mit der Zeit immer größer werden und könnte zu einer Spaltung der Gesellschaft führen.

Die Produktivität der Wirtschaft beruht inzwischen nur noch zu einem Drittel auf Investitionen in Sachkapital, aber zu zwei Dritteln auf Investitionen in Humankapital. Auch in Politik, Verwaltung, Kultur usw. spielen Wissen und Kompetenz eine große Rolle. So kommt dem Bildungssystem eine herausragende Bedeutung zu: Es muss Kinder, Jugendliche und Heranwachsende in die Wissensgesellschaft einführen.

Frühkindliche Bildung

Schon seit einiger Zeit ist die Tendenz zu beobachten, dass das Bildungssystem Kinder vom Alter her immer früher und von der täglichen Dauer her immer länger in Anspruch nimmt. So wird einerseits der frühkindlichen Bildung eine größere Relevanz für die spätere Entwicklung beigemessen: Kleinkinder sollten möglichst schon vor ihrem dritten Lebensjahr in Kindertagesstätten und Tagespflegestellen umfassend gefördert werden. Andererseits werden immer mehr Ganztagseinrichtungen geschaffen, in denen mehr Zeit für die Erziehung und Bildung der Kinder zur Verfügung steht. Zugleich soll durch den Ausbau des vorschulischen Bildungssystems dem Wunsch der Elternteile, die das jeweilige Kind überwiegend betreuen, nach einer möglichst frühzeitigen Rückkehr in den Beruf entsprochen werden.

So stieg die Betreuungsquote bei Kindern unter drei Jahren laut Bundesamt für Statistik von 23,0% im Jahr 2010 auf 35,0% im Jahr 2020, wobei es große Unterschiede zwischen den Ländern gab: Die Extreme waren 29,0% in Bremen und 58,3% in Sachsen-Anhalt. Der Bedarf der Eltern kann damit aber noch nicht abgedeckt werden, zumal er immer noch ansteigt: So wünschten sich laut Bildungsbericht 49% aller Eltern eine Tagesbetreuung für ihr unter dreijähriges Kind (2019). Bei den Drei- bis Sechsjährigen lag die Betreuungsquote in den letzten zehn Jahren bei über 90% (2010: 92,2%, 2020: 92,5%) und entsprach damit weitgehend dem Platzbedarf.

Im Jahr 2018 wurden laut Statistischem Bundesamt im bundesweiten Durchschnitt 18,8% der Kinder unter drei Jahren durchgehend mehr als sieben Stunden in einer Kindertageseinrichtung oder in Kindertagespflege betreut; im Jahr 2010 waren es erst 11,6%. Bei drei- bis sechsjährigen Kindern nahm die Ganztagsquote von 32,3% (2010) auf 46,1% (2018) zu. Aber auch hinsichtlich einer ganztägigen Betreuung liegt der Bedarf der Eltern über dem Angebot. So werden in den kommenden Jahren viele weitere Ganztagsplätze geschaffen werden. Jedoch fehlt es an Personal – zumal auch immer mehr sozialpädagogische Fachkräfte an Grundschulen mit Ganztagsbetreuung eingesetzt werden sollen: Die Personallücke wird laut Bundesfamilienministerium im Jahr 2025 bis zu 191.000 Erzieher/innen und im Jahr 2030 bis zu 199.000 Fachkräfte betragen.

Kindertagesstätten werden immer mehr als Bildungseinrichtungen gesehen, in denen Kleinkinder bestimmte Kompetenzen entwickeln und Kenntnisse in verschiedenen Bildungsbereichen erwerben sollen. Deshalb haben die Bundesländer detaillierte Bildungspläne verabschiedet, an denen sich Erzieher/innen (und Tagespflegepersonen) orientieren müssen. So sollen Kindertagesstätten Bildungsangebote in den Bereichen Sprache, Literacy, Naturwissenschaften, Mathematik, Technik, Religion, sozial-emotionale Entwicklung, Medienbildung, interkulturelle Erziehung, Umweltbildung, geschlechtsbewusste Erziehung, Kunst, Musik, Fein- und Grobmotorik machen.

Da Kinder mit Migrationshintergrund sowie Kinder aus sozial schwachen Familien schlechtere Bildungschancen als andere Kinder haben, müssen sie zunehmend besondere Sprachförderprogramme und kompensatorische Angebote durchlaufen. Diese Aufgaben von Kindertageseinrichtungen und Tagespflegestellen werden immer wichtiger: Beispielsweise hatten laut Bildungsbericht im Jahr 2019 fast 29% aller betreuten Kinder einen Migrationshintergrund; 22% aller Kleinkinder sprachen zu Hause eine andere Sprache als Deutsch (2015: 18%). Letzteres trifft in einigen Bundesländern – z.B. in Hessen, Berlin und Bremen – sogar auf jedes dritte Kind zu. Problematisch ist, dass diese Kinder später als Kinder mit deutschen Eltern in den Genuss frühkindlicher Bildung kommen: Laut Statistischem Bundesamt befanden sich 2019 nur 21% der unter Dreijährigen und 81% der Drei- bis Sechsjährigen mit Migrationshintergrund in Kindertagesbetreuung, aber 42 bzw. 100% der Kinder deutscher Eltern. Je später Kinder, die zu Hause eine andere Sprache sprechen, vom Bildungssystem erreicht werden, umso schwerer fällt ihnen in der Regel der Erwerb der deutschen Sprache und umso schlechter können sie zumeist dem Unterricht in der (Grund-) Schule folgen.

Schulbildung

In den kommenden Jahren werden immer mehr Schüler/innen Ganztagsschulen besuchen. Anfang 2019 nutzten laut Bildungsbericht bereits 50% aller Grundschüler/innen ein ganztägiges Angebot. Bis der bundesweite Rechtsanspruch auf Ganztagsbetreuung im Grundschulalter im Jahr 2025 in Kraft tritt, müssen noch weitere 785.000 Ganztagsplätze in Schulen und/oder Horten geschaffen werden. Neben Erzieher/innen werden dann laut Bertelsmann Stiftung auch 26.300 Grundschullehrer/innen fehlen.

Nach nationalen und internationalen Schulleistungsstudien hat sich an Grundschulen nicht nur der Anteil leistungsschwacher Kinder vergrößert, sondern auch ihr Abstand zu der ebenfalls wachsenden Anzahl besonders leistungsstarker Schüler/innen. Ähnliches gilt für die Sekundarschulen: Laut den PISA-Studien ist die Leistungsheterogenität bei 15-Jährigen in den Kompetenzbereichen Lesen, Mathematik und Naturwissenschaften in den letzten Jahren kontinuierlich gestiegen. Rund ein Fünftel aller Sekundarschüler/innen gilt inzwischen als leistungsschwach. So ist es nicht verwunderlich, dass die Zahl der Schüler/innen mit Förderbedarf stetig steigt: Sie nahm laut KMK von 6,0% im Jahr 2009 auf 7,4% im Jahr 2018 zu; insgesamt 556.317 Schüler/innen hatten einen sonderpädagogischen Förderbedarf. Tendenziell werden mit dem Ziel der Inklusion immer mehr Förderschüler/innen an regulären Schulen unterrichtet – ihr Anteil stieg von 19,8% im Jahr 2009 auf 42,3% im Jahr 2018.

Vergleicht man die Ergebnisse von PISA 2009 mit denen von PISA 2018, so hat sich die Lesekompetenz bei 15-Jährigen um 1 Punkt auf 498 Punkte verbessert. Hingegen hat sich die mathematische Kompetenz um 13 Punkte auf 500 Punkte und die naturwissenschaftliche Kompetenz um 17 Punkte auf 503 Punkte verschlechtert. Damit lagen die Sekundarschüler/innen über dem OECD-Durchschnitt von 487, 489 bzw. 489 Kompetenzpunkten, aber weit unter den Spitzenreitern: Bei der Lesekompetenz erzielten 15-Jährige in Estland 523, in Kanada 520 und in Finnland ebenfalls 520 Punkte, bei der mathematischen Kompetenz Schüler/innen in Japan 527, in Korea 526 und in Estland 523 Punkte sowie bei der naturwissenschaftlichen Kompetenz Schüler/innen in Estland 530, in Japan 529 und in Finnland 522 Punkte.

Aufgrund des unbefriedigenden Abschneidens deutscher Schüler/innen bei internationalen Vergleichsstudien – aber auch mit Bezug auf die Wissensgesellschaft und die Erwartungen an (zukünftige) Arbeitnehmer/innen – werden die Leistungsanforderungen wahrscheinlich in den nächsten Jahren erhöht werden. Vermutlich werden Fördermaßnahmen für Kinder mit Migrationshintergrund bzw. aus sozial schwachen Familien ausgebaut werden, da sie unter den leistungsschwachen Schüler/innen überrepräsentiert sind.

Derzeit werden nicht die Lehrer/innen, sondern die Schüler/innen für ihre Leistungen verantwortlich gemacht: So werden von ihnen eine hohe Lernmotivation, ein großer Arbeitseinsatz, viel Selbsttätigkeit und Durchhaltevermögen verlangt. Zudem werden Schüler/innen immer häufiger „bewertet" – mit Hilfe von Zensuren, Tests und zentralen Prüfungen. Da in der Regel Kenntnisse abgefragt werden, lernen sie, sich diese effektiv und in kürzester Zeit anzueignen. Eine persönliche Relevanz haben diese Lerninhalte aber nur selten, und so werden sie oft schnell wieder vergessen. Da immer nur das Wissen Einzelner erfasst und bewertet wird, werden Schüler/innen zu „Einzelkämpfern". Sie lernen nicht, miteinander zu kooperieren – und auch nicht komplexe Probleme zu lösen, da solche Leistungen nicht wie Kenntnisse abgefragt werden können. So produziert das deutsche Schulsystem derzeit viele Absolvent/innen, die weder für kreative und innovative Tätigkeiten noch für Führungsaufgaben qualifiziert wurden. Sie haben nicht gelernt, in Teams zu arbeiten, ihr Wissen mit dem anderer Personen zu kombinieren, Konflikte zu lösen, kritisch oder divergent zu denken. Überspitzt gesagt: Wer nur auswendig zu lernen gelernt hat, ist für die Arbeitswelt von heute und morgen schlecht gerüstet. Noch ist offen, ob sich in den kommenden Jahren schulpädagogische Ansätze durchsetzen können, die eher den Bedarfen von Wirtschaft und Gesellschaft entsprechen.

Zugleich wird der Druck auf die Bundesländer wachsen, für vergleichbare Bildungschancen zu sorgen: Es wird nicht länger akzeptabel sein, dass laut Chancenspiegel 2017 beim Kompetenzerwerb in der 9. Klasse ein Unterschied von mehr als drei Lernjahren zwischen Sachsen und Bremen bestand, dass bei der Abiturientenquote die Bandbreite zwischen rund 53% in Hamburg und circa 30% in Bayern variierte oder dass der Prozentsatz ausländischer Schulabgänger ohne Abschluss zwischen knapp 4% in Brandenburg und 27% in Sachsen schwankte. Zugleich wird auch zunehmend die Leistung der Lehrer/ innen überprüft werden, indem z.B. an allen Schulen eines Bundeslandes dieselben Vergleichsarbeiten geschrieben oder (Abschluss-) Prüfungen zentral durchgeführt werden.

Obwohl die Wissensgesellschaft immer besser gebildeter Menschen bedarf, sind in den letzten Jahren eher gegenläufige Trends im Schulsystem festzustellen: So ist der Anteil der Jugendlichen, die ohne (mindestens) einen Hauptschulabschluss von der Schule abgehen, laut Bildungsbericht von 5,7% im Jahr 2013 auf 6,8% im Jahr 2018 gestiegen. Aber auch die Übergangsquoten ans Gymnasium und die Quote der Absolvent/innen mit mittlerem Schulabschluss stagnieren bzw. sind rückläufig. Die Abiturientenquote ist von 53% aller Schulabgänger im Jahr 2014 auf 51% im Jahr 2018 gesunken. Problematisiert wird auch der hohe Anteil des Einser-Abiturs, der zudem zwischen den Bundesländern variiert – im Jahr 2018 laut Rheinischer Post zwischen 38% in Thüringen und 17% in Schleswig-Holstein.

Während 2018 laut Bildungsbericht nur 45% der jungen Männer die Hochschulreife erwarben, waren es 57% der jungen Frauen. So sind Schülerinnen kommunikativer und verbal geschickter, weswegen sie im Unterricht eher „glänzen" als Schüler. Zudem sind sie seltener verhaltensauffällig, widmen sie sich intensiver ihren Hausaufgaben und verbringen sie weniger Zeit vor dem Fernseher, dem Computer oder der Spielkonsole. So wurde inzwischen nachgewiesen, dass ein intensiverer Medienkonsum mit schlechteren Zensuren korreliert. So ist nicht auszuschließen, dass es in Zukunft besondere Fördermaßnahmen für männliche Schüler geben wird.

Berufsbildung

Weil es Unternehmen und Handwerksbetrieben aufgrund der abnehmenden Zahl jüngerer Menschen immer schwerer fällt, Ausbildungsplätze zu besetzen, wird der Druck auf die (Haupt-) Schulen größer werden, jeden Schüler zumindest mit den für solche Stellen notwendigen Kompetenzen auszustatten. Da die Anforderungen in der Arbeitswelt ständig zunehmen, ist es nicht verwunderlich, dass 2018 nur ein Viertel der Jugendlichen ohne Schulabschluss und knapp drei Fünftel derjenigen mit Hauptschulabschluss einen vollqualifizierenden Ausbildungsplatz fanden, aber mehr als vier Fünftel der Jugendlichen mit einem mittleren Abschluss und nahezu alle Bewerber/innen mit Hochschulreife.

An der dualen Berufsausbildung wird in naher Zukunft sicherlich festgehalten werden, da sich die Verzahnung von betrieblichem und schulischem Lernen bewährt hat und für die deutsche Wirtschaft ein Wettbewerbsvorteil ist. Sie verzeichnete 51% der Neuzugänge des Jahres 2019, und das Schulberufssystem weitere 23%. Die Größe des Übergangssektors (knapp 26%) verdeutlicht, wie viele Schulabgänger/innen ohne Hauptschulabschluss, mit unzureichenden kognitiven, sozialen bzw. persönlichen Kompetenzen oder mit einem Status als Flüchtling bzw. Asylant weder einen Ausbildungsplatz noch eine Arbeitsstelle fanden, für die nur niedrige Qualifikationen verlangt wurden. Es ist nicht damit zu rechnen, dass der Übergangssektor in naher Zukunft an Bedeutung verlieren wird.

In den kommenden Jahren werden immer mehr Berufsanfänger/innen durch Training on the Job qualifiziert werden, da es insbesondere in den Zukunftsbranchen viele Arbeitsstellen geben wird, für die es (noch) keine anerkannten Ausbildungsgänge gibt. Die Anforderungen werden aber so hoch sein, dass nur gut qualifizierte Schulabgänger/innen für diese Arbeitsplätze in Frage kommen werden.

Hochschulbildung

Derzeit gibt es in Deutschland rund 2,9 Millionen Student/innen, die zwischen mehr als 20.000 Studiengängen wählen können. In den nächsten Jahren wird versucht werden, die Zahl der Studierenden weiter zu erhöhen – insbesondere mit Studienabschlüssen in den Wirtschafts-, Natur- und Ingenieurwissenschaften. So konnten im Jahr 2019 laut der OECD-Studie „Bildung auf einen Blick 2020" in Deutschland nur 33% der Personen im Alter von 25 bis 34 Jahren einen Tertiärabschluss vorweisen, während der OECD-Durchschnitt in dieser Altersgruppe 45% betrug. Allerdings hatten 35% der deutschen Hochschulabsolvent/innen ein Studium in den zukunftsträchtigen MINT-Fächern absolviert – gegenüber 23% im Durchschnitt der OECD-Länder (2018).

Es gibt also noch einen großen Nachholbedarf – vor allem bei jungen Menschen aus bildungsschwachen Familien: Laut einer Studie des Deutschen Zentrums für Hochschul- und Wissensforschung aus dem Jahr 2018 beginnen wohl 79 von 100 Akademikerkindern, aber nur 27 Kinder von Nichtakademikern ein Studium. Haben die Eltern überhaupt keinen Schulabschluss, sind es sogar nur 12%.

Unter den Student/innen werden immer mehr Personen sein, die bereits im Berufsleben standen oder berufsbegleitend studieren. Oft werden sie sich auch für ein Fernstudium entscheiden. Diese Personen wollen zusätzliche Qualifikationen erwerben oder ein ganz neues Studium absolvieren, da sie in ihrem bisherigen Arbeitsfeld keine Zukunft mehr für sich sehen. Neben den „klassischen" akademischen Graden wie Bachelor, Master oder Doktor wird es vermehrt Studienabschlüsse und Zertifikate geben, die im Rahmen von Aufbau-, Weiterbildungs- und Ergänzungsstudiengängen erworben werden können. Viele Studienangebote werden modular aufgebaut sein.

Neben der Zahl der Studierenden muss aber auch die Qualität des Studiums gesteigert werden, die insbesondere unter der Einführung der Bachelor- und Masterabschlüsse gelitten hat. Nur drei deutsche Universitäten gehören laut den „World University Rankings 2020" von Times Higher Education zu den 50 besten Hochschulen der Welt: Die Ludwig-Maximilians-Universität München belegte den 32. Platz, die TU München den 43. Platz und die Universität Heidelberg den 44. Platz. Da der Bologna-Prozess auch nicht zu der erwarteten Verkürzung der Studiendauer geführt hat, ist hier mit weiteren Reformen zu rechnen (z.B. „Entschlackung" der Studienpläne).

Laut Bildungsbericht werden digitale Medien und Präsentationstools in nahezu allen Vorlesungen und Seminaren häufig eingesetzt, werden an allen Hochschulen zunehmend Texte und andere Lernmaterialien online zur Verfügung gestellt und immer öfter Formen elektronischer Prüfungen erprobt. Etwa ein Viertel der Lehrenden setzt virtuelle Übungen, digitale Lehrwerkzeuge, Wikis oder elektronische Lernspiele und Simulationen ein. Dank der vorhandenen Ausstattung und der Qualifizierung der Dozent/innen konnten die meisten Lehrveranstaltungen und knapp zwei Drittel der Prüfungen im Sommersemester 2020 online durchgeführt werden, als aufgrund der Corona-Pandemie keine Präsenzveranstaltungen erlaubt waren.

Online-Studiengänge werden in Zukunft generell eine größere Rolle spielen. So stellen weltweit immer mehr Dozent/innen ihre Vorlesungen, Kurse und Übungen in das Internet ein. Oft wird gleichzeitig ein (Tele-) Tutoring angeboten. Der Kontakt zu den Professor/innen und zu anderen Student/innen erfolgt per E-Mail oder Chat, in Foren oder Videokonferenzen. Manche Aufgaben müssen von Studierenden gemeinsam bearbeitet werden, aber auch von Online-Rollenspielen und Simulationen wird Gebrauch gemacht. Tests werden gleichzeitig online ausgefüllt. Die Kurse können weltweit abgerufen werden und kosten zumeist nur wenig, sodass sie z.B. auch von Menschen in Entwicklungsländern genutzt werden können.

Weiterbildung

Da in der Wissensgesellschaft dem lebenslangen Lernen eine große Bedeutung zukommt, wird in den nächsten Jahren der Fort- und Weiterbildungsbereich expandieren. Die Menschen werden sich in Zukunft vermehrt Kenntnisse und Kompetenzen in Erwachsenenbildungseinrichtungen, bei privaten Instituten, durch multimediale Lehr- und Schulungsprogramme, via Internet, im Ausland oder direkt am Arbeitsplatz unter Anleitung erfahrener Kolleg/innen aneignen. So werden die Menschen im Verlauf ihres Lebens immer wieder neue Qualifikationen erwerben.

Laut dem Bildungsbericht hat die Teilnahmequote bei Bildungs- und Lernaktivitäten von 47,5% der 18- bis 69-Jährigen im Jahr 2016 auf 52,3% im Jahr 2018 und die Zahl der abgeleisteten Stunden von 41,6 auf 45,7 zugenommen. Die Steigerung lässt sich insbesondere auf die berufliche Weiterbildung zurückführen, die vor allem in größeren Betrieben an Bedeutung gewinnt. Zumeist wurden Kurse und Lehrgänge besucht. Aber auch Schulungen am Arbeitsplatz spielten eine große Rolle.

Ferner wurden Angebote von kommunalen und kommerziellen Weiterbildungsanbietern intensiv genutzt. Sie sind vor allem für die Mitarbeiter/innen kleiner Betriebe, für Selbständige und Arbeitslose von Bedeutung. Volkshochschulen sollen eine flächendeckende Versorgung sicherstellen.

Jedoch ist das Weiterbildungsangebot laut Bildungsbericht in den östlichen Bundesländern und in bevölkerungsarmen Regionen schlechter als im übrigen Deutschland. Zudem liegen die Teilnahmequoten von Menschen mit und ohne Hauptschulabschluss unter denen mit (Fach-) Hochschulabschluss, werden weniger Menschen mit Migrationshintergrund erreicht – sieht man einmal von den Integrationskursen für Flüchtlinge ab.

Junge Menschen zukunftsfähig machen

Wie (Klein-) Kinder und Jugendliche „fit für die Zukunft" gemacht werden können, wird in meinem Buch „Zukunftsorientierte Pädagogik: Erziehen und Bilden für die Welt von morgen" erörtert (Norderstedt: Books on Demand, 2. Aufl. 2018). Im ersten Teil wird beschrieben, wie sich Zukunftsforscher/innen die Welt in 20 oder 30 Jahren vorstellen. Nach jedem Kapitel werden relevante Kompetenzen aufgezeigt, die Menschen zur Bewältigung der jeweiligen Zukunftsentwicklungen benötigen. Die so erarbeiteten Fähigkeiten und Qualifikationen werden im zweiten Teil des Buches zusammengefasst. Im dritten Teil wird diskutiert, wie Familie, Kindertageseinrichtung und Schule Kinder „zukunftsfähig" machen können.

Wirtschaft

Bedingt durch den Übergang zur Wissensgesellschaft und den sich weiter beschleunigenden technischen Fortschritt wird die Wirtschaft immer mehr durch Forschung und Entwicklung, wissenschaftliche Erkenntnisse und neue Technologien geprägt. Auch werden die Produktzyklen immer kürzer: Zu Beginn des 20. Jahrhunderts dauerte der Weg von der Idee über die Erfindung bzw. das Patent bis hin zur Massenproduktion 40 Jahre; Mitte des 20. Jahrhunderts waren es 30 Jahre; heute sind es nur noch 6 Monate und bei manchen Produkten sogar gerade einmal 6 Wochen. Gründe für die rasante Verkürzung von Produktionszyklen sind beispielsweise die Nutzung von Computern mit besseren Leistungen, die Zusammenarbeit via Internet, die „schlanke Produktion", innovative Herstellungsverfahren und die weltweite technologische Kooperation. Zudem müssen immer wieder neue Produkte auf dem Markt platziert werden, da sie immer schneller von der Konkurrenz kopiert und vielleicht sogar billiger angeboten werden. Unternehmen, die einen Technologiesprung verpassen, werden innerhalb weniger Monate von ihren Wettbewerbern überholt.

Globalisierung

In den letzten Jahrzehnten ist es zu einer Globalisierung der Wirtschaft gekommen: Immer mehr Unternehmen operieren in immer mehr Ländern; ihre Produkte können nun weltweit erworben werden. Produktionsstandorte wurden dorthin verlagert, wo die besten Rahmenbedingungen bestehen; Vorprodukte werden aus Ländern bezogen, wo sie besonders preiswert hergestellt werden können. Es entstanden international operierende Unternehmen, die eine größere Wirtschaftskraft als manche Länder haben. Die Politik hat der zunehmenden multinationalen Konzernmacht immer weniger entgegenzusetzen. Allerdings schwächt sich die Globalisierung seit zwei, drei Jahren aufgrund von Handelskonflikten und protektionistischen Bestrebungen einzelner Regierungen ab.

In den kommenden Jahren werden alte und neue Wirtschaftsmächte miteinander wetteifern. Schon jetzt fließen die Kapitalströme in beide Richtungen, kaufen chinesische, indische oder mexikanische Unternehmen nordamerikanische bzw. europäische Firmen auf. Auch geht die Zeit zu Ende, in der multinationale Unternehmen in den Schwellenländern hauptsächlich einfache Arbeiten zu geringen Kosten ausführen ließen. So produzieren Länder wie China, Südkorea oder Taiwan immer mehr hochwertige Güter, geben viel Geld für Forschung und Entwicklung aus und verfügen über gut ausgebildete Fachkräfte. Hochtechnologiestandorte und Innovationszentren sind inzwischen über den ganzen Globus verbreitet.

Laut einer Studie von Fritz Breuss, Professor an der Wirtschaftsuniversität Wien, wird Europa seinen gegenwärtigen Weltmarktanteil nicht verlieren – trotz der von Wirtschaftsvertreter/innen kritisierten hohen Sozialstandards und niedrigen Ausgaben für Forschung und Entwicklung. Dazu würde der stetig wachsende Binnenmarkt beitragen, in dem rund drei Viertel des gesamten Handels stattfinden (inkl. assoziierter Staaten, von EFTA und Türkei). Der Erfolg der EU beruht laut Breuss auf der Ausweitung des Binnenhandels und auf der Abfederung sozialer Härten. Jedoch würde durch die Globalisierung weiter Druck auf die Löhne ausgeübt werden.

Aber auch außerhalb der EU werden sich neue Chancen ergeben. So bieten die führenden Schwellenländer einem Technologie- und Exportland wie Deutschland immer größer werdende Märkte, auf denen es seine Güter verkaufen kann. Im Jahr 2019 waren laut Bundesamt für Statistik Kraftwagen und Kraftwagenteile mit 223,7 Milliarden Euro Deutschlands wichtigstes Exportgut, gefolgt von Maschinen im Wert von 195,6 Milliarden Euro und Datenverarbeitungsgeräten, elektronischen und optischen Erzeugnissen im Wert von 118,5 Milliarden Euro.

Bis zum Beginn der Corona-Pandemie ließen sich deutsche Waren auf dem Weltmarkt gut verkaufen. Die 100 größten deutschen Unternehmen erzielten rund 60% der Umsätze im Ausland; bei den Maschinenbauern waren es sogar vier Fünftel. Im Jahr 2019 betrug der Wert der Exporte laut Statistischem Bundesamt 1.328 Milliarden Euro (+0,8% gegenüber 2018), während der Wert der Einfuhren bei 1.104 Milliarden Euro lag (+1,4%). In Jahr 2018 waren die Exporte noch um 3,0% und die Importe um 5,6% gegenüber dem Vorjahr gestiegen, und 2017 sogar um 6,2% bzw. 8,0%. Das Wachstum hat also in den letzten Jahren nachgelassen, und bedingt durch die derzeitige Wirtschaftskrise ist für 2020 und 2021 sogar mit einer negativen Entwicklung im Vergleich zu 2019 zu rechnen.

Während 1995 noch 46,7% der Exporte in Länder der heutigen Eurozone gingen, waren es 2018 nur noch 37,4%. Betrachtet man aber alle europäischen Länder, so lag deren Anteil an den deutschen Exporten bei 68,4%; Asien (inkl. Australien) kam auf 17,6%, Amerika auf 12,1% und Afrika auf 1,7%. In den kommenden Jahren werden China und andere Schwellenländer wichtigere Absatzmärkte werden, da hier Wirtschaft und Konsum schneller wachsen werden als in Europa. So war China 2019 bereits im vierten Jahr in Folge Deutschlands wichtigster Handelspartner; Waren im Wert von 205,7 Milliarden Euro wurden zwischen beiden Staaten gehandelt. Auf Platz zwei und drei folgten die Niederlande mit einem Außenhandelsumsatz von 190,4 und die USA mit 190,1 Milliarden Euro. Problematisch ist jedoch, dass sich derzeit das Exportgeschäft auf einige wenige Branchen – insbesondere die Autoindustrie und den Maschinenbau – konzentriert und die deutsche Wirtschaft in wichtigen Schwellenländern wie z.B. Indien oder Mexiko wenig präsent ist.

Sehr erfolgreich auf dem Weltmarkt sind mittelständische Unternehmen, die flexibler reagieren können als börsennotierte. Zudem können sie langfristig investieren, müssen in ihren Bilanzen nicht immer große Gewinne ausweisen – und können in Deutschland ähnlich günstig produzieren wie in Asien, da dort die Löhne für gut qualifizierte Fachkräfte stark angestiegen sind. Rund 1.300 Unternehmen sind in ihrer Nische Weltmarktführer – fast die Hälfte aller „Hidden Champions" befindet sich in Deutschland. Mittelständischen Unternehmen gelingt es auch immer besser, sich durch eigene Niederlassungen, neue Vertriebspartner und Joint-Ventures weitere Märkte zu erschließen.

Allerdings zeigt sich die Globalisierung auch darin, dass ausländische Investor/innen einen immer größeren Anteil an den Aktien deutscher Unternehmen besitzen. Laut dem Manager-Magazin gehörten 55% der Aktien von DAX-Konzernen im Jahr 2019 Ausländer/innen bzw. ausländischen Fonds, die somit zunehmend Einfluss auf unternehmerische Entscheidungen gewinnen und einen großen Teil der Dividenden erhalten. Dies hängt damit zusammen, dass

Deutsche seltener in Aktien (-fonds) investieren als Menschen in anderen hoch entwickelten Ländern. Da sich andere Geldanlagen aufgrund der niedrigen Zinsen kaum noch rentieren, steigen auch die Privatvermögen in diesen Ländern stärker an als in Deutschland.

Jedoch könnte die Globalisierung in den kommenden Jahren an Bedeutung verlieren. So wuchs der Welthandel im Jahr 2019 schwächer als das globale Bruttoinlandsprodukt – die Mehrproduktion blieb also größtenteils im jeweiligen Herkunftsland. Aber auch aufgrund der steigenden Rohstoffpreise und höher werdender Löhne in den Schwellenländern könnte es in den kommenden Jahrzehnten zu einer Regionalisierung in der Wirtschaft kommen: Wenn die Herstellungskosten in fernen Ländern und die Transportkosten zu hoch werden, wird Insourcing das Outsourcing ersetzen. Dasselbe gilt für den Fall, dass in hoch entwickelten Ländern die Herstellung von Gütern durch Automatisierung und künstliche Intelligenz preiswerter als in Niedriglohnländern wird. Ganze Produktionszweige werden dann wieder an die Verbrauchsorte zurückgeholt werden; die ausgelagerten Jobs werden zurückkehren.

Zudem hat die durch den Coronavirus ausgelöste Wirtschaftskrise gezeigt, wie leicht Lieferketten zerfallen und wie schnell sich Länder abschotten und die Ausfuhr bestimmter Güter verbieten. Viele Unternehmen werden daraus die Lehre ziehen, die in andere Länder verlagerten Produktionsbereiche zurückzuholen bzw. die dort von anderen Unternehmen produzierten Vorprodukte selbst herzustellen. Zudem werden Regierungen darauf bestehen, dass wichtige Produkte – wie z.B. bestimmte Medikamente oder Schutzkleidung – im eigenen Land produziert werden.

Gleichzeitig nimmt in der deutschen Bevölkerung die Skepsis hinsichtlich der Globalisierung zu: Laut einer repräsentativen Umfrage im Auftrag des Gesamtverbands der Deutschen Versicherungswirtschaft waren 2020 nur noch 48% der befragten 30- bis 59-Jährigen der Meinung, dass die deutsche Wirtschaft von der Globalisierung vor allem profitiere – im Jahr 2017 waren es noch 64% gewesen.

Zukunftsbranchen

Will Deutschland auf dem Weltmarkt bestehen, muss es sich in Richtung eines „kreativen Kapitalismus" (Matthias Horx) weiterentwickeln. Das verlangt mehr Forschung und Entwicklung, mehr Ideenreichtum und Innovation, mehr Bildung und Weiterqualifizierung. Vor allem aber muss auf Branchen mit Zukunft gesetzt werden.

Dazu gehört z.B. der Umweltsektor. Laut Umweltbundesamt waren 2017 mit gut 2,8 Millionen Menschen 6,4% aller Erwerbstätigen im Umweltschutz tätig – 2010 waren es erst 5,9%. Sie produzierten Güter im Wert von über 86 Milliarden Euro – rund 6% der gesamten Industrieproduktion. Gegenüber 2007 sank jedoch der Welthandelsanteil deutscher Umweltschutzgüter von 16,8% auf 13,6%. Der weltweite Patentanteil nahm sogar von 18,2% im Zeitraum 2002 bis 2006 auf 13,5% im Zeitraum 2012 bis 2016 ab.

Als eine weitere Zukunftsbranche gilt die Biotechnologie, die eine immer größere Rolle in der Industrie, in der Landwirtschaft und im Gesundheitswesen spielen wird. Nach einer OECD-Studie könnte sie im Jahr 2030 bis zu 2,7% des Bruttoinlandsprodukts in den Industrieländern und einen noch größeren Anteil in den Entwicklungsländern ausmachen (heute: unter 1%) – falls Barrieren wie rechtliche Hemmnisse, fehlende Investitionen, mangelnde soziale Akzeptanz usw. beseitigt würden.

Auch die Agrarchemiebranche sieht ihre Zukunft positiv. Da die Weltbevölkerung bis 2030 um 40% gegenüber 1995 wachsen wird, muss im gleichen Zeitraum die Getreideproduktion um 50% zunehmen. Dies ist laut der Welternährungsorganisation (FAO) nur möglich, wenn beim Anbau 37% mehr Mineraldünger eingesetzt werden. Der Industrieverband Agrar (IVA) rechnet in den kommenden Jahren mit Rekordumsätzen bei Dünger, Pflanzenschutzmitteln und Saatgut.

Mitbedingt durch das Bevölkerungswachstum und die zunehmende Urbanisierung, aber auch zwecks Schaffung eines modernen Energienetzes, haben Infrastrukturprojekte eine große Zukunft – also Investitionen in Straßen, Flughäfen, Telekommunikation, Kanalisation, Strom- und Wasserversorgung. Die OECD taxiert den weltweiten Investitionsbedarf bis 2030 auf 70 Billionen $.

Eine entsprechende Infrastruktur wird auch für die weiter zunehmende Zahl von Autos benötigt werden. Der Shell-Konzern erwartet, dass sich der globale PKW-Bestand von derzeit 700 Millionen Fahrzeugen bis 2030 verdoppeln und bis 2050 sogar auf mehr als 2 Milliarden PKWs ansteigen könnte. So wird die Automobilindustrie in Deutschland boomen. Allerdings produzieren die hiesigen Konzerne und ihre Zulieferer zunehmend in den Ländern, in denen die meisten Käufer/innen zu finden sind, da dann die Transportkosten wegfallen. Auch nimmt die Konkurrenz zu, da immer mehr preiswerte PKWs von Herstellern aus China, Indien und anderen Schwellenländern produziert werden. Zudem ist die deutsche Automobilindustrie in den Bereichen Elektromobilität und autonomes Fahren gegenüber amerikanischen und ostasiatischen Konzernen zurückgefallen.

Die Weltraumwirtschaft gilt ebenfalls als eine Zukunftsbranche: Insbesondere in den USA ist die kommerzielle Raumfahrt stark ausgebaut worden. Sie übernahm weitgehend den Transport von Kommunikations- und Fernsehsatelliten sowie die Versorgung der Internationalen Weltraumstation (ISS). In der nahen bzw. fernen Zukunft wird es z.B. Weltraumtourismus, Flüge zum Mars und Rohstoffgewinnung auf dem Mond und einzelnen Asteroiden geben.

In den kommenden Jahren wird auch der Designwirtschaft eine immer größere Bedeutung zukommen. Hier stellen 3D-Drucker Gegenstände her, indem sie nach einem vorgegebenen Design Schicht auf Schicht aufeinander drucken und dabei die in den Druckerpatronen vorhandenen Kunststoffe, Metalle und sonstigen Materialien nutzen. Sie können bereits Bestandteile von Motoren, Ersatzteile von Maschinen, Prothesen, Zahnimplantate, Architekturmodelle, Prototypen, Skulpturen und viele andere Gegenstände herstellen. Einer Studie der Unternehmensberatung Ernst & Young zufolge erwirtschafteten Unternehmen 2019 weltweit einen Umsatz von circa 11,2 Milliarden Euro mit 3D-Druck. Rund 63% der befragten deutschen Unternehmen nutzten bereits dieses Verfahren.

3D-Drucker können von Privatleuten bereits für wenige hundert Euro erworben werden. Bei einem solchen Preis könnte die „Fabrik im Wohnzimmer" Realität werden. So wird erwartet, dass in ca. 20 Jahren die meisten Privathaushalte 3D-Drucker haben und damit Kleidung, Spielsachen, Ersatzteile, Modeschmuck u.a. selbst herstellen werden. Die Designs können entweder gekauft oder mit Hilfe von CAD-Software erstellt werden. Im letztgenannten Fall können ganz individuelle Produkte hergestellt werden. Selbst wenn die Druckerpatronen relativ teuer sind, könnte doch viel Geld gespart werden, weil weniger Material und Energie benötigt werden (z.B. keine Verpackung, kein Transportkosten). Auch Menschen in ärmeren Länder könnten mit 3D-Druckern Gegenstände billig herstellen – oder Designs entwickeln und verkaufen.

Eine große Zukunft wird der Informations- und Kommunikationstechnologie vorausgesagt. Im Jahr 2018 waren in Deutschland laut Statistischem Bundesamt 141.762 Unternehmen mit 1,3 Millionen Erwerbstätigen auf diesem Gebiet tätig. Sie erwirtschafteten 301,8 Milliarden Euro.

Klassisches E-Commerce wird in Zukunft gegenüber Social Commerce an Bedeutung verlieren – der Orientierung an erfahrenen Online-Nutzer/innen, die nicht in irgendwelchen Katalogen herumklicken wollen, sondern auch im Internet nach Shopping-Erlebnissen, Spaß und sozialer Interaktion suchen. Amazon und Ebay haben gezeigt, wie man User/innen aktiv einbinden kann; andere Web-Unternehmen bauen jetzt darauf auf. So werden in Zukunft vor allem solche Verkaufskonzepte erfolgreich sein, die den Austausch zwischen User/innen, Konsument/innen und Produzent/innen fördern. Durch den nutzergetriebenen Handel wird ein digitaler „Weltbasar" entstehen.

Da das Internet eine zunehmende Zahl kleiner und kleinster Märkte umfasst, wird es für Unternehmen immer wichtiger, die Treue von Kund/innen zu erlangen, damit diese weiterhin auf ihrer Website einkaufen und diese weiterempfehlen. Hingegen wird es immer schwieriger werden, neue Kund/innen zu gewinnen, werden einmalige Käufe an Bedeutung verlieren. Deshalb werden Unternehmen zunehmend interaktive Elemente in ihre Websites einbauen, Anfragen schnell beantworten, Kundenkommentare integrieren, Newsletter verschicken sowie nach Einkäufen E-Mails mit der Bitte um Feedback versenden. Zudem werden sie immer häufiger versuchen, auch unabhängig von ihrer Website im Internet präsent zu sein und die Diskussion über ihre Produkte in sozialen Netzwerken, Blogs und Online-Foren zu beeinflussen. Sie werden anderen Websites

Artikel oder Videos zur Verfügung stellen und dort Werbung schalten. Schließlich werden immer mehr Unternehmen und Händler/innen Online-Marktplätze nutzen, wie sie z.B. von Amazon zur Verfügung gestellt werden.

Im Jahr 2019 wurden vom Einzelhandel 10,8% der Waren laut Handelsverband Deutschland (HDE) auf dem Versandweg verkauft (E-Commerce) – in 10 Jahren könnten es bereits 25% sein. Dementsprechend nimmt der LKW-Verkehr zu: Alleine die Deutsche Post lieferte 2020 rund 1,8 Milliarden Pakete aus. Das Transportwesen wird auch in den kommenden Jahren ausgebaut werden, zumal viele Unternehmen eine Lieferung am selben Tag anstreben. Dann könnten z.B. auch (frische) Lebensmittel versendet werden.

In Deutschland und anderen hoch entwickelten Ländern werden sich Unternehmen zunehmend auf die wachsende Konsumentengruppe der Senior/innen einstellen. Schon heute stammt jeder dritte Euro, der in Deutschland privat ausgegeben wird, von einem Menschen über 60 Jahre; 2050 werden es mehr als 40% sein. Die Wirtschaft interessiert sich vor allem für die „Best Ager", die relativ fitten, meist gut situierten Senior/innen. Diese dürften in Zukunft mehr Geld für Unterhaltung, Bildung, Kultur, Reisen, Wellness sowie Gesundheits-, Finanz- und Versicherungsleistungen ausgeben. Beispielsweise wird die Versicherungsbranche mehr spezielle Senioren-Policen verkaufen, über die bei einem Unfall oder einem sonstigen Unterstützungsbedarf bestimmte Dienstleistungen wie z.B. Kochen, Einkäufe und Wohnungsreinigung finanziert werden.

Die Industrie entwickelt immer häufiger Produkte, die den Bedürfnissen von Senior/innen angepasst sind. So baut die Automobilindustrie zunehmend Funktionen wie rückenfreundliche Sitze oder Fahrerassistenzsysteme in PKWs ein, während die Bauindustrie ebenerdige Bungalows erstellt und vorhandene Wohnungen von Barrieren befreit. Hightech-Geräte werden von vielen Senior/innen nur dann gekauft werden, wenn sie sich leicht bedienen lassen – also z.B. gut lesbare Displays und große Tasten haben. Auch benötigen Senior/innen immer mehr medizinische Geräte und Hilfsmittel.

Um die Versorgung von (älteren) Menschen in bevölkerungsarmen Regionen sicherzustellen, werden (neue) Betriebs- und Vertriebsformen – wie die Bündelung verschiedener Serviceleistungen,

Kioske, Kleinstmärkte, mobile Verkaufswagen oder Bringdienste – entwickelt werden. Auch benötigen viele Senior/innen Essens-, Reinigungs- und Betreuungsdienste. Mehr soziale Dienstleistungen als heute werden privat (z.B. auf Gegenseitigkeit) oder privatwirtschaftlich organisiert sein.

Schließlich werden mehr Seniorenheime, ambulante Dienste sowie geriatrische und gerontopsychiatrische Abteilungen in Krankenhäusern benötigt. So wird sich die Zahl der Heimplätze bis 2050 nahezu verdreifachen – auf rund 2 Millionen. Der Grund für diese Entwicklung ist die wachsende und besonders häufig auf Hilfe angewiesene Altersgruppe der über 80-Jährigen, die im Jahr 2050 fast dreimal so groß sein dürfte wie 2005. Da die Zahl der Pflegebedürftigen bis zum Jahr 2050 stark ansteigen wird, dürfte der Pflegebereich zu einem „Jobmotor" werden: Die Zahl der Vollzeitbeschäftigten soll laut einer Prognose des Instituts der deutschen Wirtschaft von 545.000 auf bis zu 1,6 Millionen im Jahr 2050 ansteigen. Unter Berücksichtigung einer jährlichen Produktivitätssteigerung von 0,5% wären es immerhin noch 1,2 Millionen Pflegejobs.

Jüngere Menschen werden vermutlich mehr Geld für die individuelle Gesundheitsprävention ausgeben: Hier wächst z.B. die Nachfrage in den Bereichen Wellness, Entspannungstechniken, Stressmanagement, Gesundheitstourismus, Bioprodukte und Nachsorge. Laut einer Studie der Unternehmensberatung Roland Berger könnten in der Gesundheitswirtschaft bis 2030 rund 2 Millionen Jobs neu geschaffen werden. Während 2005 etwa jeder Siebte in diesem Bereich beschäftigt war, wird es dann jeder Fünfte sein. Der Anteil der Gesundheitswirtschaft am Bruttoinlandsprodukt könnte von derzeit 10% auf fast 13% wachsen. Die Kosten für den Gesundheitsmarkt würden bis 2030 um 67% zunehmen.

In der Freizeitindustrie gelten z.B. Fitnessangebote für junge Erwachsene und Singles, Kurzurlaube für kinderlose Paare, Tagesausflüge für Familien sowie Kreuzfahrt-, Themenpark- und Städtetourismus als Wachstumsbereiche. Schon heute investieren die Deutschen jährlich 250 Milliarden Euro in ihre Freizeitgestaltung – zwischen 10 und 20% ihres Haushaltseinkommens. Vermutlich werden immer mehr künstliche Erlebniswelten geschaffen werden, wird es mehr inszenierte Kultur (z.B. Musikfestivals, Events, besondere Kunstausstellungen) und mehr Massenkultur geben.

Auch in 20 Jahren werden Pauschalreisen, Ferntourismus oder die Kombination von Billigflug und Luxushotel üblich sein, wobei die Preise zuvor im Internet abgeglichen werden und dort zunehmend gebucht wird. Außerdem wird immer mehr auf Urlaubsberichte in sozialen Netzwerken und auf Bewertungen von Reiseanbietern zurückgegriffen. Wellnessreisen werden häufiger – und preiswerter – sein. Ähnliches dürfte für den Ökotourismus gelten – und den „Voluntourism", bei dem soziales Engagement im Urlaub gezeigt wird (z.B. Arbeitseinsätze in Behinderteneinrichtungen oder in Entwicklungsländern). Mehr Tourist/innen als heute werden das extreme Abenteuer suchen oder ein Computerspiel bzw. einen Agenten-Thriller nachspielen wollen. Zudem wird die reale Urlaubswelt zunehmend durch eine virtuelle ergänzt werden. Allerdings wird es auch mehr Nichtreisende (aus Geldnot) und Sparreisende geben.

Laut dem Institut für Tourismus- und Freizeitforschung der Hochschule für Technik und Wirtschaft (HTW) in Chur wird sich die touristische Nachfrage der über 65-Jährigen bis 2050 vervierfachen. Darunter werden arme und reiche Rentner/innen, gesunde und kränkelnde Personen, lebenslange Partner sowie Todesfall- oder Scheidungs-Singles sein. Die Senior/innen würden sich keinen reinen Erholungsurlaub wünschen, da sie sich das ganze Jahr hindurch der Gesundheit widmen können, sondern werden nach Kulturgenuss, nicht alltäglichen Bildungsangeboten bzw. unbeschwerter Geselligkeit suchen. Daneben gäbe es Senior/innen, die alles bereist und erlebt haben und nun Urlaubsquartiere auswählen, wo sie sich „daheim" fühlen, und Rentner/innen, die an Urlaubsziele ihrer Kindheit zurückkehren möchten – oft in Gesellschaft ihrer Enkel. Die Angebote der Hotels und Reiseanbieter müssten alle Typen älterer Tourist/innen berücksichtigen.

In Zukunft wird auch die Schattenwirtschaft weiterhin eine große – oder vielleicht noch größere – Rolle spielen. Bedingt durch die steigende Steuer- und Abgabenlast werden z.B. Handwerkerleistungen für viele Menschen zu teuer bzw. können Handwerker/innen schwarz mehr verdienen. In der Schattenwirtschaft werden außerdem viele arbeitslose Menschen ein Zusatzeinkommen finden, zumal

84

Sozialleistungen aufgrund der zunehmenden Zahl der Rentenempfänger bzw. Pflegebedürftigen und der wachsenden Staatsverschuldung tendenziell sinken dürften. Laut einer Studie von Friedrich Schneider (Universität Linz) machte in Deutschland die Schwarzarbeit 2019 bereits 9,1% des Bruttoinlandsprodukts aus. Da im Jahr 2020 wegen der mit der Corona-Pandemie verbundenen Wirtschaftskrise viele Menschen zu Kurzarbeiter/innen bzw. Arbeitslosen wurden – und somit der Schattenwirtschaft zur Verfügung standen –, stieg der Anteil der Schwarzarbeit auf 11,4% des Bruttoinlandsprodukts. Für 2021 rechnet Friedrich Schneider mit einer Zunahme um weitere 10 bis 12%.

Wettbewerbsfähigkeit

Die weitere wirtschaftliche Entwicklung in Deutschland wird zu einem großen Teil von der Innovationsfähigkeit der Unternehmen abhängen. Diese lässt sich z.B. anhand der Zahl der Patentanmeldungen je 1 Million Einwohner ermitteln. Laut der World Intellectual Property Organization, einer UN-Behörde, kam 2018 Deutschland mit 884 inländischen Patentanmeldungen auf den fünften Platz – nach Südkorea mit 3.148, Japan mit 2.005, der Schweiz mit 1.081 und China mit 1.001 sowie vor den USA mit 871 Patentanmeldungen. Wenn man die Zahl der Anmeldungen je Einheit des Bruttoinlandsprodukts berechnet, ergibt sich für 2018 eine ähnliche Reihenfolge der Länder: Südkorea mit 8.561, China mit 6.183, Japan mit 5.101, Deutschland mit 1.924 und die Schweiz mit 1.831 Patentanmeldungen. Bei beiden Vergleichen fällt auf, dass der Abstand Deutschlands zu den ersten zwei bzw. drei Plätzen recht groß war. China, die USA und Japan deckten 73,8% aller Patentanmeldungen ab. Unternehmen und Forschungseinrichtungen in der Bundesrepublik (und in anderen EU-Staaten) sind also nicht besonders kreativ und innovativ gewesen.

In den letzten Jahren stiegen in Deutschland die Ausgaben für Forschung und Entwicklung stark an; allein im Jahr 2018 wurden laut Statistischem Bundesamt 104,7 Milliarden Euro (2015: 88,8 Milliarden Euro) und damit 3,1% des Bruttoinlandsprodukts investiert. Dieser Trend dürfte sich in den kommenden Jahren fortsetzen.

Allerdings ist die Innovationsfähigkeit der Wirtschaft nicht nur von entsprechenden Investitionen abhängig, sondern auch von Faktoren wie z.B. der Qualität des Bildungssystems, der Gründerkultur und dem vorhandenen Wagniskapital. Die Cornell Universität, INSEAD und andere Institutionen ermitteln deshalb jedes Jahr den „Global Innovation Index", der solche und ähnliche Faktoren berücksichtigt. In den letzten Jahren verbesserte Deutschland seine Position und lag 2019 auf Platz 9 – nach der Schweiz, Schweden, den USA, den Niederlanden, Großbritannien, Finnland, Dänemark und Singapur. China kam auf den 14. und Japan auf den 15. Platz.

Dennoch hat in den letzten Jahrzehnten der Zuwachs an Produktivität je Arbeitsstunde in Deutschland stark abgenommen – von über 3,5% in den 1970er Jahren auf derzeit knapp 1%. Die digitale Revolution hat sich also wider Erwarten kaum auf die Produktivität ausgewirkt – außer bei rund 5% der Unternehmen, die laut OECD-Studien die „Digital-Techno-Avantgarde" bilden würden. Bei den übrigen Unternehmen fehle es an Wissen, kompetentem Management, entsprechend qualifizierten Fachkräften und schnellem Breitband-Internet.

Zudem wird die Wettbewerbsfähigkeit der deutschen Wirtschaft durch eine veraltete Infrastruktur, steigende Energiepreise, einen zu stark regulierten Arbeitsmarkt (z.B. üppiger Kündigungsschutz), zu viel Bürokratie bei Unternehmensgründungen, hohe Steuern und überdurchschnittliche Lohnkosten gefährdet. Beispielsweise waren die Arbeitskosten im produzierenden Gewerbe und bei wirtschaftlichen Dienstleistungen laut Statistischem Bundesamt im Jahr 2018 mit durchschnittlich 35,90 Euro pro Stunde um 31% höher als der EU-Durchschnitt von 27,40 Euro; nur 6 von 27 Staaten lagen noch darüber. Im verarbeitenden Gewerbe kostete eine Arbeitsstunde mit 40,90 Euro 47% mehr als der EU-Durchschnitt von 27,90 Euro; nur in 2 Ländern war sie noch kostspieliger. Der Unterschied wird vor allem durch die Bruttoverdienste verursacht, da die Lohnnebenkosten (berechnet auf 100 Euro Bruttoverdienst) in Deutschland mit 27 Euro niedriger als der EU-Durchschnitt von 33 Euro waren. Überdurchschnittlich hohe Tarifabschlüsse könnten somit die Wettbewerbsfähigkeit der deutschen Wirtschaft stark gefährden. Außerdem verliert Deutschland als Investitionsstandort an Attraktivität, wird zunehmend Kapital ins Ausland exportiert. Anstatt die Wirtschaft zu entlasten und Zukunftsbranchen zu fördern, haben die schwarz-roten Bundesregierungen in den letzten Jahren vor allem Sozialleistungen ausgeweitet.

Rohstoffversorgung

Ein zukünftiges Problem – insbesondere für ein rohstoffarmes Land wie Deutschland – könnten schwindende Rohstoffvorkommen sein. Vor allem die Schwellenländer Asiens haben einen immer größer werdenden Bedarf an Industriematerialien wie Erze, Beton oder Asphalt. Beispielsweise wird laut dem Bergbaukonzern BHP Billiton die Gesamtkupfernachfrage von 2008 bis 2032 rund 680 Millionen Tonnen betragen – zwischen 1900 und heute wurden weltweit aber nur 608 Millionen Tonnen gefördert. Die Unternehmensberatung McKinsey schätzt, dass alleine in China 5 Milliarden Quadratmeter asphaltierter Straßen, 170 Massentransportsysteme und 5 Millionen Gebäude mit 40 Milliarden Quadratmeter Wohn- und Geschäftsfläche bis 2030 gebaut werden – mit dem entsprechenden Rohstoffbedarf.

Je knapper die Rohstoffe werden, umso gewinnbringender wird das Recycling. Zudem können nur auf diesem Wege die weltweit zunehmenden Müllmengen entsorgt werden. Beispielsweise lag das Abfallaufkommen in Deutschland laut Statistischem Bundesamt mit 417,2 Millionen Tonnen im Jahr 2018 um 1,2% höher als im Vorjahr. Die Recyclingquote betrug wie in den Jahren zuvor rund 70%.

Erst in mehreren Jahrzehnten werden fossile Energieträger knapp werden. Im Jahr 1960 wurden z.B. die weltweiten Erdölreserven mit gerade einmal 300 Milliarden Barrel beziffert. Seit einigen Jahren werden Erdöl und Erdgas aber zunehmend aus Tonsteinen und Ölsanden, aus der Tiefsee und aus Erdgaskondensat gewonnen – was vor 50 Jahren als unmöglich galt. Die hier eingesetzten Verfahren sind jedoch risikoreicher, sodass die Gefahr von Umweltkatastrophen steigt. Auch dürfte vermehrt in Naturschutzgebieten wie den amerikanischen Nationalparks nach Öl- und Gasvorkommen gesucht werden. Aufgrund dieser neuen Quellen wurden die Ölreserven nun seitens der Bundesanstalt für Geowissenschaften und Rohstoffe auf 244

Gigatonnen geschätzt – bei einem weltweiten Erdölverbrauch von 4,7 Gigatonnen (2018). Hinzu kämen weitere 502 Gigatonnen an Erdölressourcen, also an derzeit technisch oder wirtschaftlich nicht förderbarem Erdöl. Die globalen Erdgasreserven wurden mit 202 Billionen Kubikmetern und die Erdgasressourcen mit 629 Billionen Kubikmetern angegeben, bei einer Jahresförderung von ca. 3,4 Billionen Kubikmetern im Jahr 2018.

Nicht vor Ende des Jahrhunderts wird Kohle knapp werden, obwohl die Nachfrage seitens der Schwellenländer stark zunimmt. So entfielen laut der International Energy Agency im Jahr 2018 alleine auf China 51,6% des weltweiten Kohleverbrauchs. Die Bundesanstalt für Geowissenschaften und Rohstoffe bezifferte die Kohlereserven auf 1.069 Gigatonnen und die -ressourcen sogar auf 19.862 Gigatonnen – bei einem Verbrauch von 7,8 Gigatonnen im Jahr 2018.

Die weltweite Nachfrage nach Energie wird in Zukunft weiter wachsen – insbesondere in den Schwellenländern (z.B. in China um ca. 7% pro Jahr). So ist in einigen Jahrzehnten mit Engpässen bei der Versorgung und mit steigenden Preisen zu rechnen. Auf längere Sicht sind Konflikte um die letzten Erdöl- und Erdgas-Reserven vorprogrammiert, werden die mächtigeren Staaten versuchen, möglichst viele Ressourcen für sich zu reservieren. Die Regierungen werden sich aber auch bemühen, den Verbrauch durch Effizienzstandards, Steuern oder Emissionshandelssysteme einzuschränken und erneuerbare Energien vermehrt zu nutzen.

Außerdem werden Unternehmen danach streben, Erdöl zu ersetzen – nicht nur als Heiz- und Kraftstoff (90% der derzeitigen Nutzung), sondern auch als Grundstoff für Kleidung, Kosmetik, Medizinprodukte, Plastik, Spielzeug, Computer usw. Beispielsweise enthalten rund 40% aller Textilien Erdöl. Solche Kunstfasern könnten z.B. durch Naturfasern aus Baumwolle und Hanf, aber auch durch biotechnisch hergestellt Fasern (etwa aus Milchsäure) ersetzt werden. Ferner könnten viele Ausgangsprodukte für die chemische Industrie mit Hilfe der Biotechnologie erzeugt werden, z.B. durch Bakterien- und Hefeenzyme aus organischen Abfällen. So könnte der Anteil von Bioplastik bis zum Jahr 2030 von knapp 1% (2018) auf 15 bis 20% steigen.

Auch in der Landwirtschaft wird Erdöl eingespart werden, indem z.B. weniger Gemüse in beheizten Treibhäusern produziert wird, der Import von Erzeugnissen aus weit entfernten Ländern verringert wird und Kühlketten verkürzt werden. So dürfte die Ernährung in Zukunft saisonaler und regionaler werden. Die Transportkosten könnten sogar gänzlich eingespart werden, wenn in Städten „vertikale Bauernhöfe" gebaut würden: Professor Dickson D. Despommier von der Columbia University schlägt vor, Nutzpflanzen in Hochhäusern mit durchsichtigen Wänden und Decken zu züchten. Dies könnte ohne Erde in Hydrokulturen oder in aeroponischen Systemen erfolgen (hier werden die frei liegenden Pflanzenwurzeln in regelmäßigen Abständen von einem Sprühnebel aus Wasser und Nährstofflösung benetzt). In einem vertikalen Bauernhof könnte die 10- bis 20-fache Menge an Pflanzen wie auf einer gleich großen Farm geerntet werden, zumal auch mehrere Ernten im Jahr möglich sind. So könnte ein 30-stöckiger Bauernhof von der Größe eines Straßenblocks rund 50.000 Menschen versorgen. Zudem würden die Pflanzen Sauerstoff liefern.

Ferner werden zunehmend erneuerbare Energien erzeugt werden. Laut dem BP Energy Outlook 2020 werden sie 2050 zwischen 40 und 60% des Energiebedarfs abdecken (nach den Rapid- und Net Zero-Szenarien) – im Jahr 2018 waren es erst 5%. Dann werden auch bis zu 85% aller PKWs und bis zu 80% aller LKWs Elektrofahrzeuge sein.

Zudem setzen viele Länder im Gegensatz zu Deutschland weiterhin auf Kernenergie, zumal bei der Produktion keine Treibhausgase entstehen. So gab es 2018 weltweit 452 Reaktoren; weitere sind im Bau. Die Internationale Energieagentur (IEA) berichtete, dass 2019 rund 5,5 Gigawatt an atomarer Energie zusätzlich produziert wurden, sodass weltweit insgesamt 443 Gigawatt zur Verfügung standen. Sie geht davon aus, dass die Produktion atomarer Energie auf 455 Gigawatt im Jahr 2040 zunehmen wird. Die Uranvorkommen sind jedoch begrenzt – und es gibt noch immer keine Lösung für das Problem der Atommüllentsorgung.

Einige wenige – eher pessimistisch gestimmte – Zukunftsforscher wie z.B. John Michael Greer rechnen damit, dass Erdöl, Erdgas, Kohle und Uran nur sehr bedingt durch andere Energieträger ersetzt werden können. Je mehr die Förderung in den kommenden 150 Jahren zurückgehen wird – bei gleichzeitig steigender Weltbevölkerung –, umso mehr werde es zu einer De-Industrialisierung kommen, die zu einem kontinuierlich geringer werdenden Lebensstandard führen wird. Um die eigenen Ressourcen zu schützen, werden viele Länder protektionistische Maßnahmen treffen, was den Welthandel bremsen dürfte. Es käme somit zu einer Zurückentwicklung zu wenig technisierten lokalen Kulturen.

Arbeitswelt

Aufgrund der guten Konjunktur hat die Zahl der Erwerbstätigen von 42,3 Millionen im Jahr 2013 auf 45,3 Millionen im September 2019 zugenommen. Wegen der mit der Corona-Pandemie verbundenen Wirtschaftskrise sank sie dann auf 44,7 Millionen im September 2020. In den kommenden Jahren wird die Zahl der Erwerbstätigen schrumpfen, da zum einen Menschen aus geburtenstarken Jahrgängen in Rente gehen und zum anderen immer weniger junge Menschen berufstätig werden – die Geburtenzahlen sind seit den 1950er Jahren von mehr als 1,1 Millionen auf 778.100 im Jahr 2019 gesunken. So wird bis 2035 die Anzahl der Personen im erwerbsfähigen Alter laut der 14. koordinierten Bevölkerungsvorausberechnung des Statistischen Bundesamtes um 4,4 bis 6,0 Millionen Menschen schrumpfen. Die Konkurrenz der Arbeitgeber um die weniger werdenden Berufsanfänger wird größer werden, was sich wahrscheinlich auch auf die Anfangslöhne und -gehälter auswirken und zu einer Verringerung des Abstands zum Endeinkommen führen wird.

Die Unternehmensberatung The Boston Consulting Group ermittelte, dass im Jahr 2030 bereits 40% der Berufseinsteiger einen Migrationshintergrund haben werden. Für den Wirtschaftsstandort Deutschland sähe es düster aus, wenn dann wie heute zwei Fünftel der Schüler/innen mit Migrationshintergrund als „Risikoschüler/innen" eingestuft würden. Diese wären für die meisten Arbeitsplätze nicht qualifiziert.

Nach einer Studie des Wirtschaftsforschungs- und Beratungsunternehmens Prognos AG von 2017 werden dem deutschen Arbeitsmarkt im Jahr 2030 fast 3 Millionen Fachkräfte fehlen. Bis 2040 werde der ungedeckte Bedarf auf 3,3 Millionen anwachsen. Die Prognos AG empfiehlt deshalb den Unternehmen, ihre (älteren) Mitarbeiter/innen gezielt fortzubilden und flexibler einzusetzen.

Laut Bundesagentur für Arbeit könnte dem Arbeitskräftemangel teilweise dadurch begegnet werden, dass Erwerbsbeteiligung und Arbeitszeitvolumen von Frauen erhöht werden. Ferner könnte die Lebensarbeitszeit verlängert werden. Vor allem aber müsse die Arbeitsmarktteilhabe von Menschen mit Migrationshintergrund verbessert werden, die insbesondere bei Frauen recht niedrig sei.

Allerdings könnte der Fachkräftemangel aufgrund der Digitalisierung an Bedeutung verlieren. So geht das Zentrum für empirische Wirtschaftsforschung davon aus, dass in den nächsten 10 bis 20 Jahren rund 12% der Arbeitsplätze in Deutschland wegen Automatisierung oder dem Einsatz von Robotern wegfallen werden, während laut dem Global Institute von McKinsey bis zu einem Drittel der Erwerbstätigen ihre Stellen in den kommenden 30 Jahren deswegen verlieren könnten. Beispielsweise wird es immer mehr Fabriken geben, die weitgehend vollautomatisch funktionieren. Aber auch bei Transportunternehmen, Versicherern, Finanzdienstleistern, Banken, Rechtsanwaltskanzleien, Kliniken und vielen anderen Branchen lassen sich Abläufe und Entscheidungsprozesse automatisieren.

Jedoch werden in den nächsten 10 bis 20 Jahren Computer keine Aufgaben übernehmen können, die höhere menschliche Fähigkeiten voraussetzen – wie kreatives Denken, Symbolverständnis, Hypothesenbildung, Fantasie, kommunikative Kompetenzen, Empathie, Menschenkenntnis, Führungsfähigkeiten, Verantwortungsbewusstsein usw. Zudem schafft die Digitalisierung neue Jobs – und zwar mehr als wegfallen: Laut dem Institut zur Zukunft der Arbeit sind in den Nullerjahren wohl europaweit 1,6 Millionen Arbeitsplätze verschwunden, aber gleichzeitig doppelt so viele neu entstanden. Viele Berufe der Zukunft seien noch gar nicht erfunden worden.

Andere Prognosen gehen jedoch davon aus, dass die in Industrie, Wirtschaft und anderen Bereichen durch Automatisierung freigesetzten Arbeitnehmer/innen um die verbleibenden Stellen – z.B. im Sozialbereich oder bei Lieferdiensten – konkurrieren werden und so die Löhne drücken könnten. Die Kluft zwischen Arm und Reich würde dann noch größer werden – und die Wut der Menschen auf Konzerne und Regierungen. Offen bleibt, wie die Politik dagegen steuern wird, ob z.B. durch Kürzung der Arbeitszeit, ein bedingungsloses Grundeinkommen, eine Ausweitung der Stellen im Sozial- und Bildungsbereich oder die Förderung sozialer Initiativen und von Gemeinschaftsarbeit.

In der sich anbahnenden Wissensgesellschaft werden die Arbeitgeber/innen vor allem höher qualifizierte Arbeitnehmer/innen benötigen. Im Jahr 2018 arbeiteten laut Statistischem Bundesamt bereits 45,3% der Erwerbstätigen im Alter von 15 bis 64 Jahren in akademischen Berufen, als Fachkräfte in anspruchsvollen Berufen (z.B. im Technik- oder Gesundheitsbereich) oder als Führungskräfte. Hingegen wird die Zahl der einfach qualifizierten Arbeitnehmer/innen der Prognos AG zufolge von derzeit 9 Millionen auf 8 Millionen im Jahr 2030 sinken. So wird es laut dem Accenture-Deutschlandchef Stephan Scholtissek bald zu einem „Kampf" um qualifizierte Mitarbeiter/innen kommen. Deshalb wird vermutlich die Zuwanderung für Ausländer/innen erleichtert werden. Allerdings sind höher qualifizierte Personen vor allem in Schwellenländern zu finden – beispielsweise erhalten jedes Jahr 7,5 Millionen Inder/innen und Chines/innen einen Universitätsabschluss. Diese finden aber auch in ihrer Heimat immer mehr attraktive Jobangebote vor, wollen also zumeist nicht in Deutschland erwerbstätig werden. Viele der in den letzten Jahrzehnten zugewanderten Migrant/innen und deren Kinder weisen hingegen nicht die nötigen Qualifikationen auf: Im Februar 2019 hatten laut Bundesagentur für Arbeit 46% aller Arbeitslosen in Deutschland einen Migrationshintergrund – nimmt man noch die „Aufstocker" dazu (die von den Jobcentern ergänzende Leistungen zu ihrem Lohn erhalten), waren es sogar 57%.

Wer in der Wissensgesellschaft den Anschluss verpasst hat, wird nur noch geringe berufliche Chancen haben. Zu diesen Personen gehört das Viertel aller Schulabgänger, das nach einer Erhebung des Deutschen Industrie- und Handelskammertags (DIHK) nicht über ausreichende Kenntnisse im Rechnen und Schreiben verfügt. Viele von ihnen erhalten keinen Ausbildungsplatz. So haben rund 16% der Menschen im Alter von 25 bis unter 35 Jahren keinen berufsqualifizierenden Abschluss erworben. Aber auch die 7,5 Millionen Deutschen, die nur mit Mühe lesen und schreiben können (sog. „funktionale Analphabeten"), werden immer schlechtere Chancen auf dem Arbeitsmarkt haben.

Alterung der Arbeitnehmerschaft

Als Folge der Bevölkerungsentwicklung in Deutschland werden die Belegschaften immer älter werden. Das Durchschnittsalter der Arbeitnehmer/innen wird von 44 Jahren (2017) auf 48 Jahre im Jahr 2050 steigen. Die mittleren Jahrgänge werden dann weniger Aufstiegschancen vorfinden, da höhere Positionen immer länger von älteren Arbeitnehmer/innen blockiert sein dürften.

Da 2030 fast jeder dritte Deutsche über 65 Jahre alt sein wird, empfiehlt die Arbeitsgruppe „Altern in Deutschland", der 23 Wissenschaftler/innen aus unterschiedlichen Disziplinen angehören, dass Berufsarbeit bis ins fortgeschrittene Alter hinein die Regel sein sollte. In Zukunft müssten auch über 65-Jährige Geld verdienen – und sei es auch nur, um ihren Lebensstandard zu halten. Allerdings sollte die Lohnpolitik so geändert werden, dass Arbeitnehmer/innen nicht mehr automatisch mit jedem Berufsjahr mehr verdienen, denn schon jetzt seien ältere Erwerbstätige vielen Unternehmen zu teuer.

Die Alterung des Erwerbspersonenpotenzials wird die Arbeitgeber/innen zu einer Änderung ihrer bisher stark jugendzentrierten Personalpolitik zwingen und sie viel seltener von der Möglichkeit der in Deutschland – im Gegensatz z.B. zu den USA oder zu Großbritannien – noch weit verbreiteten Frühverrentung Gebrauch machen lassen. Je mehr das Durchschnittsalter der Arbeitnehmer/innen ansteigt und je weniger jüngere Arbeitssuchende auf dem Arbeitsmarkt vorzufinden sind, umso wichtiger werden Fort- und Weiterbildung – schließlich müssen dann Innovation und Produktivitätszuwächse vermehrt von älteren Arbeitnehmer/innen geleistet werden. Da diese häufiger unter Krankheiten des Muskel-Skelett-Systems, unter Herz-Kreislauf- und psychischen Erkrankungen leiden, wird das betriebliche Gesundheitsmanagement immer wichtiger werden. Einerseits müssen Stress und Arbeitsbelastungen reduziert werden, andererseits sind Maßnahmen zum Erhalt der Arbeitskraft (wie Fitnessangebote und Hilfen für Workaholics) nötig.

Einige Zukunftsforscher wie z.B. Horst W. Opaschowski glauben, dass Arbeitgeber/innen von der doppelten Erfahrung hoch qualifizierter älterer Mitarbeiter/innen – ihrer Lebens- und Berufserfahrung – profitieren werden. Auch sollten sie deren „kristalline Intelligenz" besser nutzen: den reichhaltigen Fundus von Langzeiterfahrungen, Organisationsgeschick und Faktenwissen. Zudem könnten ältere Arbeitnehmer/innen leichter die Wünsche von Senior/innen erkennen und sie besser beraten.

Wenn ältere Mitarbeiter/innen zusammen mit jungen Kolleg/innen (Produktions-) Teams bilden, könnte dies durchaus zu einem neuen Erfolgsrezept für die deutsche Wirtschaft werden, da jede Seite von den Stärken der anderen profitieren würde. Dasselbe gilt, wenn junge Menschen aus (außer-) europäischen Ländern in solche Arbeitsgruppen integriert würden und ihre besonderen Kompetenzen oder ihr Wissen über den jeweiligen Exportmarkt einbringen könnten.

Je größer aber die Altersunterschiede in Teams werden, umso stärker müssen Unterschiede im Lern- und Arbeitsstil von jüngeren und älteren Mitarbeiter/innen berücksichtigt werden. Beispielsweise haben sich ältere Manager/innen vor allem durch Kurse und das Lesen von Fachtexten weitergebildet und kommunizieren eher verbal, während jüngere Menschen zunehmend das informelle und handlungsorientierte Lernen bevorzugen sowie das Internet und ihr (dortiges) Netzwerk von Kontakten nutzen. Auch kommunizieren sie mehr mit Hilfe visueller Informationen. Manche jüngere Manager/innen ziehen Instant Messages Arbeitstreffen vor oder teilen ihre Erkenntnisse lieber über Blogs, Wikis und Podcasts mit als durch Präsentationen. Der Erfahrungsaustausch und die Weiterbildung am Arbeitsplatz müssen deshalb in Zukunft aus einer Mischung von Veranstaltungen, Trainings, direkter Anleitung, Simulationen, Spielen, Videokonferenzen, Blogs und schriftlichen Informationen bestehen.

Mehr „Weiblichkeit"

In den kommenden Jahren wird die Arbeitswelt zunehmend „feminisiert" werden: Spätestens im Jahr 2030 werden mehr Frauen als Männer erwerbstätig sein. So schrumpft die Zahl der Hausfrauen immer mehr – aber auch die Zeitdauer von geburtenbedingten Berufsunterbrechungen, da Kleinkinder früher und länger in Tagesbetreuung gegeben werden und (Grund-) Schulen immer häufiger ganztägig sind oder eine Nachmittagsbetreuung anbieten. Zudem *müssen* mehr Frauen arbeiten, weil sie alleinstehend sind, weil ein Einkommen allein nicht ausreicht, weil sie bei generell sinkenden Rentenansprüchen eine eigene Altersversorgung aufbauen wollen oder weil sie als Geschiedene bzw. Alleinerziehende nicht mehr wie früher Unterhalt für sich selbst erhalten. Und immer mehr Frauen *wollen* arbeiten, weil sie eine gute Berufsausbildung erworben oder ein Studium abgeschlossen haben, weil sie durch ein eigenes Einkommen unabhängig bleiben möchten oder weil sie Selbstverwirklichung und Anerkennung im Beruf suchen.

Da junge Frauen inzwischen im Durchschnitt bessere Schul-, Berufs- und Hochschulabschlüsse erwerben als Männer, da sie häufig keine Kinder bekommen (derzeit bleibt ein Fünftel aller Frauen kinderlos) und da die Familiengründung seltener als früher ein Karrierehindernis ist (wegen einer nur kurzen Elternzeit und der Ganztagsbetreuung von Kindern), werden sie zunehmend in Führungspositionen hinein rücken. Damit werde die Wirtschaft laut dem Zukunftsforscher Horst W. Opaschowski bis 2030 vom „patriarchalischen System" Abschied nehmen. Dann würde ein anderer Führungsstil an Bedeutung gewinnen: Frauen würden pragmatischer denken und effizienter arbeiten, Sitzungen straffer leiten, volatile Investitionen meiden, langfristig planen und besser mit Geld umgehen. Gleichzeitig werden die Karrierechancen für Männer aufgrund der hohen Qualifikation vieler Frauen geringer werden. Hinzu kommt, dass in der Wissensgesellschaft traditionell männliche Eigenschaften wie körperliche Arbeitskraft, Aggressivität und Risikobereitschaft weniger gefragt sind als eher weibliche Eigenschaften wie Kommunikationsfähigkeit, Sozialkompetenz, Informations- und Zeitmanagement.

Der Wandel der Beschäftigungsstruktur

In Fabriken werden in den kommenden Jahren immer mehr Arbeitsgänge von Robotern übernommen werden. So werden weniger Menschen als Arbeiter/innen tätig sein. Der Dienstleistungssektor wird hingegen an Bedeutung gewinnen, wobei aber auch hier einfache Tätigkeiten zunehmend automatisiert werden.

Voraussichtlich werden hoch qualifizierte Personen – auch aufgrund des größer werdenden Fachkräftemangels und der zunehmenden Konkurrenz zwischen den Arbeitgeber/innen – immer besser verdienen. Laut einer ifo-Studie aus dem Jahr 2017 lag das Lebenseinkommen von Universitätsabsolvent/innen um 387.000 Euro netto über dem Lebenseinkommen eines Menschen mit abgeschlossener Lehre; bei Fachhochschulabsolvent/innen waren es durchschnittlich

96

267.000 Euro und bei Meister/innen bzw. Techniker/innen 129.000 Euro mehr. Allerdings müssen hoch qualifizierte Personen auch eine hohe Arbeitsleistung erbringen und stehen zunehmend unter einem enormen Leistungsdruck. Sie werden häufiger als Selbständige tätig sein, zum Teil mit erfolgsabhängiger Entlohnung.

Ferner wird es immer mehr „Schein-Selbständige" geben, die nur für eine Firma arbeiten und entsprechend der erledigten Aufträge bezahlt werden. Auch die Zahl der Selbständigen, die sich als Crowdworker um kleine Aufträge auf Online-Plattformen bewerben, wird zunehmen. Laut Statistischem Bundesamt gab es 2018 rund 4,0 Millionen Selbständige einschließlich mithelfender Familienangehörigen. Davon waren 2,2 Millionen Solo-Selbständige. Das Einkommen von Selbständigen ohne Beschäftigte ist oft relativ niedrig.

Niedriger qualifizierte Stellen werden seltener werden, insbesondere wenn die damit verbundenen Aufgaben von Robotern oder anderen Maschinen übernommen werden können. Laut einer Anfang 2018 veröffentlichten Umfrage des IT-Verbands Bitkom unter 500 deutschen Unternehmen könnten bereits in den kommenden fünf Jahren etwa 3,4 Millionen Arbeitsplätze aufgrund von Digitalisierung und Automatisierung wegfallen. Die Boston Consulting Group geht von fast 8 Millionen Stellen bis zum Jahr 2025 aus. So wird die Konkurrenz um niedriger qualifizierte Stellen immer größer werden – was schon in den letzten Jahren zu einer geringeren Entlohnung geführt hat. Im Jahr 2019 verdienten 1,4 Millionen Menschen laut Statistischem Bundesamt nur den Mindestlohn von bis zu 9,23 Euro pro Stunde, darunter 807.000 Frauen. Weitere 6,6 Millionen Erwerbstätige arbeiteten im Niedriglohnsektor, erhielten also bis zu 11,05 Euro pro Stunde (2018).

Die Gruppe der Festangestellten – mit Kündigungsschutz, Tarifgehalt und Extraleistungen wie Betriebsrente – wird kleiner werden. Immer mehr Arbeitnehmer/innen werden Teilzeitjobs oder befristete Stellen annehmen müssen, zeitweise freiberuflich tätig sein bzw. zwischen verschiedenen Beschäftigungsformen wechseln, mal mehr, mal weniger verdienen. Unsichere, kurzzeitige oder geringfügige Beschäftigungsverhältnisse, eine Abfolge mehrmonatiger Praktika, Werk- und Zeitarbeitsverträge, Leiharbeit und Zweitjobs werden häufiger werden und zu einer unsicheren Einkommenssituation füh-

ren. Dies wird keinesfalls nur für gering qualifizierte Arbeitnehmer
/innen gelten, sondern auch für viele Akademiker/innen mit einem
„falschen" Hochschulabschluss. Nachstehende Tabelle zeigt, dass
diese Entwicklungen schon seit Jahren den Arbeitsmarkt prägen –
wenn auch mit abnehmender Tendenz dank der guten Konjunktur in
den letzten Jahren. Derzeit ist ein Fünftel aller Erwerbstätigen aty-
pisch beschäftigt.

Atypische Beschäftigung bei Erwerbstätigen im Alter von 15 bis 64 Jahren*

Jahr	*atypisch Beschäftigte*			
	befristet Beschäftigte	*Teilzeitbe-schäftigte unter 20 Wochenstd.*	*geringfügig Beschäftigte*	*Zeitarbeit-nehmer/innen*
1991	1.968.000	2.555.000	654.000	-
2001	2.212.000	4.127.000	1.816.000	-
2006	2.725.000	4.861.000	2.661.000	563.000
2012	2.640.000	4.937.000	2.489.000	717.000
2018	2.460.000	4.644.000	2.047.000	925.000
2019	2.296.000	4.650.000	2.013.000	853.000

*nicht in Bildung oder Ausbildung oder einem Wehr-/Zivil- sowie Freiwil-
ligendienst; Gruppen nicht überschneidungsfrei
Quelle: Statistisches Bundesamt, Ergebnisse des Mikrozensus

In den letzten Jahren waren vor allem jüngere Menschen von atypi-
schen Beschäftigungsverhältnissen betroffen – Frauen etwas häufiger
als Männer. Oft wurden sie eingegangen, als Auszubildende nicht
von ihrem Ausbildungsbetrieb übernommen wurden. Die unsichere
berufliche Situation und das geringe Einkommen erschweren die
Lebens- und Familienplanung und sind oft mit einem gewissen Zu-
kunftspessimismus verbunden. Bei zunehmendem Wirtschaftswachstum und abnehmender Zahl junger Menschen dürften aber atypische
Beschäftigungsverhältnisse in den kommenden Jahren seltener werden.

Menschen, die wenig verdient haben und häufiger arbeitslos waren, werden im Alter nur geringe Rentenansprüche haben. Viele

(Schein-) Selbständige – insbesondere solche mit einem Einkommen unter 1.000 Euro und solche im Alter von 20 bis 29 Jahren – betreiben überhaupt keine Altersvorsorge. Nach einer Umfrage des Bundesverbandes der Selbständigen legt jeder Zehnte keinen einzigen Cent zurück, ein weiteres Fünftel weniger als 1.000 Euro im Jahr. Als Folge drohen im Alter Armut bzw. Abhängigkeit von der Sozialhilfe.

Trotz Bevölkerungsrückgang und Fachkräftemangel wird es auch in absehbarer Zeit eine hohe Arbeitslosenquote geben. Un- und angelernte Arbeitnehmer/innen sowie solche ohne verwertbare Qualifikationen werden es noch schwerer als heute haben, eine Beschäftigung zu finden. Da der Staat aufgrund der hohen Ausgaben für Senior/innen und Kranke voraussichtlich nur noch sehr begrenzte Leistungen für Langzeitarbeitslose erbringen kann, wird deren Lebensstandard niedrig sein. Der existenzielle Druck wird noch größer als heute, das Vertrauen in die Politik noch kleiner sein. Manche wenig qualifizierte Menschen werden aber in Selbsthilfenetzwerken ein Auskommen oder in der Schattenwirtschaft einen Zusatzverdienst finden – allerdings auf niedrigem Niveau.

Das Arbeitsleben

Die „klassische" Biographie mit den Phasen Ausbildung, Vollzeitbeschäftigung (am selben Ort) und Ruhestand wird man in Zukunft immer weniger finden. Viele Arbeitnehmer/innen werden ein- oder mehrmals ihren Beruf wechseln; zwischen den Arbeitsstellen werden also häufig Ausbildungszeiten bis hin zu einem (neuen) Studium liegen. Die Loyalität gegenüber dem Arbeitgeber wird abnehmen, weil Beschäftigungsverhältnisse zunehmend als zeitlich begrenzt wahrgenommen werden. Arbeitnehmer/innen werden auch häufig den Wohnort wechseln – entweder weil sie eine andere Stelle antreten oder weil sie vom Arbeitgeber versetzt wurden. Diese Mobilität wird zu mehr Vereinzelung und zu mehr Wochenend-Ehen führen. Bei multinationalen Unternehmen wird der neue Arbeitsplatz oft im Ausland liegen, sodass Ehepartner und Kinder entweder im Heimatland bleiben oder ebenfalls umziehen müssen – mit all den damit verbundenen Problemen (z.B. Aufgabe der eigenen Stelle, Suche nach einem neuen Arbeitsplatz, Erlernen einer Fremdsprache, Schulwechsel).

„Klassische" Stellen mit einer Arbeitszeit zwischen 8 und 17 Uhr werden immer seltener werden. So werden mehr Beschäftigte im Schichtdienst, an Abenden, in der Nacht und an Wochenenden tätig sein müssen. Während laut Statistischem Bundesamt im Jahr 1992 erst 22% der Erwerbstätigen samstags, 11% sonntags und 15% abends arbeiteten, waren es 2019 schon 24%, 13% und 18%; nur bei Nachtarbeit verringerte sich der Prozentsatz von 7% auf 5%. Ein großer Teil der Arbeitnehmer/innen wird aber auch flexible Arbeitszeiten haben. Insbesondere „Wissens-" und „Kreativarbeiter/innen" werden immer häufiger ihren Berufsalltag frei gestalten können und sogar nachts oder zu Hause arbeiten dürfen, wenn davon eine Produktivitätssteigerung erwartet wird.

Viele Selbständige werden über die volle Orts- und Zeitsouveränität verfügen, da sie dank Smartphone und Internet überall und jederzeit erreichbar sind. Aufgrund der beruflichen Anforderungen werden Manager/innen und andere höher qualifizierte Arbeitnehmer/innen häufiger Arbeit nach Hause mitbringen und am Abend oder am Wochenende erledigen. So wird der berufsbedingte Stress weiter zunehmen. Laut dem „DGB-Index Gute Arbeit" fühlten sich im Jahr 2018 schon 23% der Arbeitnehmer/innen im Beruf sehr häufig gehetzt; bei 29% war dies oft der Fall. 23% der Befragten mussten sehr häufig oder oft außerhalb ihrer normalen Arbeitszeit für ihre Arbeitsstelle erreichbar sein; 14% erledigten außerhalb ihrer normalen Arbeitszeit sehr häufig oder oft unbezahlte Arbeit. Dem Statistischen Bundesamt zufolge lag die durchschnittliche Wochenarbeitszeit vollzeitbeschäftigter Erwerbstätiger im Jahr 2019 bei 41 Stunden – bei Selbständigen waren es 48 Stunden.

Jedoch könnte es in Zukunft auch mehr Erwerbstätige geben, denen ihre Freizeit oder die Vereinbarkeit von Familie und Beruf so wichtig sind, dass sie auf den beruflichen Aufstieg verzichten. Deshalb berichten schon jetzt einige Unternehmen von Schwierigkeiten, wenn sie Führungspositionen mit Personen aus dem eigenen Hause besetzen wollen. Je knapper das Fachkräfteangebot wird, umso schwieriger wird es auch, Mitarbeiter/innen zu halten, die mit ihrer hohen Arbeitsbelastung unzufrieden sind, sich zu stark gestresst fühlen, Probleme mit ihren Vorgesetzten haben oder ihres Erachtens zu wenig Wertschätzung erfahren.

In den nächsten 40 Jahren werden die meisten Menschen in Büros und Geschäften tätig sein. Aber auch die Telearbeit dürfte eine wachsende Rolle spielen: Anfang 2020 stieg der Anteil der Arbeitnehmer/innen, die (teilweise) im Home-Office arbeiteten, von circa 12% auf rund 26%, da viele Arbeitgeber ihre Mitarbeiter/innen nach Hause schickten, um die Infektionsgefahr durch den Corona-Virus zu reduzieren. Laut einer DAK-Umfrage vom Juli 2020 würden 77% der Befragten gerne weiterhin (teilweise) zu Hause arbeiten. So könnte das Home-Office auch in den nächsten Jahren eine größere Rolle als vor dem Jahr 2020 spielen, zumal die Arbeitgeber/innen Bürokosten einsparen können und manche Arbeitnehmer/innen zu Hause produktiver sind.

Die ständige Produktivitätssteigerung bewirkt, dass immer weniger Mitarbeiter/innen immer mehr leisten müssen. Da Innovationszyklen einander immer schneller folgen, wird die Beschleunigung der Arbeit weiter zunehmen. Kenntnisse und Fertigkeiten werden immer rascher veralten: Ohne lebenslanges Lernen geht nichts mehr. Die Arbeitnehmer/innen müssen sich stärker spezialisieren, da sie nur noch in ganz kleinen Bereichen auf dem Laufenden sein können. Sie werden sich immer intensiver mit Informationen befassen, um auf diese Weise einen Wissensvorsprung vor der Konkurrenz zu erlangen. Aufgrund der zunehmenden Informationsüberflutung werden sie auch mehr Zeit für das Wissensmanagement benötigen.

Bedingt durch die hohe Spezialisierung werden sich die meisten Tätigkeiten nur noch in Kooperation mit anderen erledigen lassen. So müssen Unternehmer/innen und Manager/innen effektive Teams aufbauen, ihnen viel Verantwortung übertragen und ihren Mitgliedern Respekt und Wertschätzung erweisen, um deren Leistungsmotivation zu erhalten. Schon jetzt erfolgt die Mitarbeiterführung weitgehend durch die Vorgabe von Zielen; in Zukunft muss auch vermehrt darauf geachtet werden, dass die jeweilige Tätigkeit als sinnvoll erlebt wird, da qualitativ hochwertige Arbeitsleistungen nur intrinsisch motiviert erbracht werden. Der Arbeitsplatz wird zum Ort des Gesprächsaustausches und der gegenseitigen Anregung werden – viele hervorragende Ideen entstehen schon jetzt in Besprechungen.

Die Menschen werden vermehrt in zeitlich begrenzten Projekten arbeiten, wobei sich mit jedem Projekt auch die Zusammensetzung des Teams ändern kann. Deren Mitglieder werden immer seltener denselben Arbeitgeber haben – im jeweiligen Projekt werden Mitarbeiter/innen von mehreren Unternehmen bzw. Zulieferern mit Kunden und Wissenschaftler/innen aus Forschungseinrichtungen zusammenarbeiten. Nur so können noch auf effiziente Weise neue Waren und Dienstleistungen entwickelt werden – die Produktlebenszyklen werden sich weiter verkürzen, die Entwicklung neuer Produkte wird mehr Spezialkenntnisse aus verschiedenen Technologie- bzw. Wissensfeldern verlangen, deren Vermarktung wird immer sorgfältiger geplant werden müssen. Zudem werden in der Projektwirtschaft die Kosten und Risiken von mehreren Unternehmen bzw. Institutionen geteilt.

Die Projektarbeit wird den Arbeitnehmer/innen zum einen mehr Flexibilität und geistige Wendigkeit abverlangen: Sie werden immer wieder an anderen Orten und mit anderen Menschen zusammenarbeiten müssen. Allerdings wird auch häufiger von Videokonferenzen Gebrauch gemacht werden – schon jetzt werden spezielle Büros mit mehreren Bildschirmen und Kameras ausgestattet, können Powerpoint-Präsentationen oder Statistiken gleichzeitig an verschiedenen Orten betrachtet und diskutiert werden. Unternehmen werden damit zu Netzwerken, deren räumlich verstreute Mitglieder sich unabhängig von Ort und Zeit austauschen. Zum anderen wird von den Arbeitnehmer/innen immer mehr Kreativität verlangt werden – aus „Made in Germany" muss „Created in Germany" werden, da die Produktion der Güter häufig in anderen Ländern erfolgen wird. Hier kann sich positiv auswirken, wenn möglichst unterschiedliche Menschen zusammenarbeiten – Unterschiede mit dem größten Kreativitätspotenzial sind solche zwischen Jung und Alt sowie zwischen Menschen aus verschiedenen Kulturräumen.

Bei einer so komplexen und schnelllebigen Wirtschaft werden Unternehmer/innen und Manager/innen nicht mehr über das Wissen und die Kompetenzen verfügen, um auch nur einen Nischenmarkt zu überblicken. So müssen sie mit anderen Fachleuten – z.B. in Zulieferbetrieben und Forschungseinrichtungen – intensiv kooperieren, was durch Internet, Smartphones, Videokonferenzen usw. erleichtert wird. In Zukunft werden sie auch mehr mit freiberuflich tätigen Fachleuten zusammenarbeiten, die nur an einem bestimmten Projekt mitwirken oder mehrere Unternehmen beraten. Manager/innen müssen zu perfekten „Netzwerker/innen" werden, die im Internet, auf Tagungen, durch persönliche Kontakte und auf sozialen Websites (wie LinkedIn oder Xing) erfolgreich nach neuen Mitarbeiter/innen mit den gerade benötigten Qualifikationen und nach Kooperationspartnern suchen.

Aufgrund des schnellen Wandels und den damit verbundenen (Planungs-) Unsicherheiten werden Unternehmer/innen und Manager/innen mehr vorwärts gerichtet denken und langfristig investieren müssen. Dazu sind klare Ziele, eine gute Planung, Zusammenarbeit mit anderen bei der Umsetzung von Zielen sowie die Kommunikation erzielter Erfolge notwendig. Neben Fachwissen und der analytischen, problemorientierten Reflexion werden synthetisches und integratives Denken, interpersonale und koordinierende Kompetenzen sowie Kreativität immer wichtiger.

Ferner wird es mehr Kontakte zwischen Produzent/innen und ihren Kund/innen geben, die weniger in Geschäften bzw. im Großhandel einkaufen, sondern mehr direkt beim Hersteller via Internet. Die Kund/innen wollen auf diese Weise Geld sparen (andere Unternehmen auch durch das direkte Verhandeln von Preisen) und alle vom Produzenten angebotenen Optionen kennen lernen. Zudem werden die Ansprüche der Kund/innen in Bezug auf Preis, Flexibilität, Innovation und spezifischer Dienstleistungen weiter steigen.

In der Studie „Zukunft der Arbeitswelt 2030" fordern Professoren der TU Darmstadt und der Universität Mainz, dass sich Arbeitgeber/innen stärker mit den veränderten Lebensweisen der Arbeitnehmer/innen befassen müssten. Beispielsweise hätten viele Führungskräfte und Beschäftigte Probleme mit der zunehmenden Vermischung von Berufsarbeit und Privatleben. So bedingen die ständige Erreichbarkeit durch Smartphone und Internet sowie die Möglichkeit, von zu Hause aus Dateien auf dem Server der Arbeitsstelle bearbeiten zu können, dass die Arbeitszeit immer mehr die Freizeit durchdringt — auch an den Wochenenden. Ferner würden die Fälle von Arbeitssucht und psychischen Erkrankungen steigen. Auch müsse berücksichtigt werden, dass es neben den erfolgreichen „Selbstmanager/

innen" – die aufgrund immer komplexerer Aufgaben mehr Entscheidungs- und Handlungsspielräume gewinnen, an ihren Aufgaben wachsen und psychosozial gesund bleiben – bei weitem mehr Arbeitnehmer/innen gibt, die Schwierigkeiten mit ihrem Emotionsmanagement und dem Gefühl haben, von der Arbeit zerrieben zu werde.

Allerdings waren laut Statistischem Bundesamt 89% der Erwerbstätigen im Jahr 2017 mit ihrer Arbeit zufrieden oder sehr zufrieden – 91% der Akademiker/innen und 90% der Führungskräfte, aber nur 83% der Hilfsarbeiter/innen. Und eine Umfrage von Avantgarde Experts aus dem Jahr 2019 ergab, dass 78% der Angestellten mit ihrer Arbeit zufrieden waren. So scheint der Wandel der Arbeitswelt nicht zu einer geringeren Arbeitszufriedenheit geführt zu haben.

Bevölkerung

In den letzten Jahren ist die Bevölkerung in Deutschland gewachsen, wobei dieser Trend sich in den nächsten Jahren fortsetzen dürfte. Mitte 2020 lebten laut Statistischem Bundesamt 83,1 Millionen Menschen in der Bundesrepublik (Ende 2017: 82,8 Millionen).

Die Zahl der geborenen Kinder war im Jahr 2019 mit 778.100 Babys um 9.400 niedriger als im Jahr 2018. Dementsprechend sank die zusammengefasste Geburtenziffer von 1,57 auf 1,54 Kinder je Frau. Bei Frauen mit deutscher Staatsangehörigkeit lag sie bei 1,43 und bei Frauen mit ausländischer Staatsangehörigkeit bei 2,06. Das Durchschnittsalter der Mütter bei Geburt des ersten Kindes war mit 30,1 Jahren um 1,3 Jahre höher als im Jahr 2009; die Väter waren 33,1 Jahre alt.

Im Jahr 2019 starben 939.500 Menschen; 2016 waren es nur 911.000 Personen gewesen. Seit 1972 sterben jedes Jahr mehr Menschen als Kinder geboren werden. Im Jahr 2019 lag die Differenz bei 161.400 Personen.

So beruht der Bevölkerungszuwachs ausschließlich auf der Migration: Im Jahr 2019 sind laut Statistischem Bundesamt 327.060 Personen mehr nach Deutschland zugezogen als aus Deutschland fortzogen. 2016 hatte der Wanderungsüberschuss noch 499.944 Menschen betragen. Von insgesamt 1.558.612 zugewanderten Personen hatten 86,4% einen ausländischen Pass; 961.258 ausländische Personen wanderten ab.

Somit steigt in Deutschland die Zahl der Ausländer/innen bzw. die Zahl der Menschen mit einem Migrationshintergrund: Im Jahr 2019 lebten 11.228.300 Menschen mit einer ausländischen Staatsbürgerschaft in Deutschland (13,5% der Gesamtbevölkerung) – rund 313.000 Personen mehr als 2018 (+2,9%). Insgesamt 21,2 Millionen Menschen und somit 26,0% der Bevölkerung in Deutschland hatten einen Migrationshintergrund – im Jahr 2018 war es 1% weniger. Gut 52% besaßen die deutsche Staatsangehörigkeit, und davon die Hälfte seit Geburt. 65% aller Personen mit Migrationshintergrund sind aus einem anderen europäischen Land Eingewanderte oder deren Nachkommen, 22% stammten aus Asien (insbesondere aus dem Nahen und Mittleren Osten) und 5% aus Afrika.

Laut den neun Hauptvarianten der 14. koordinierten Bevölkerungsvorausberechnung des Statistischen Bundesamtes (Basis: Jahr 2018) wird die Bevölkerung im Jahr 2040 zwischen 80,7 und 84,6 Millionen Menschen und 2060 zwischen 74,0 und 84,5 Millionen Menschen umfassen. Die neun Prognosen unterscheiden sich nach Vorannahmen hinsichtlich der Geburtenhäufigkeit, der Lebenserwartung und des Wanderungssaldos. Im Folgenden wird von der Variante 9 ausgegangen, die mit einer Bevölkerungsvorausberechnung von 82,7 Millionen Menschen für 2040 und 79,7 Millionen für 2060 in der Mitte der vorgenannten Prognosen liegt. Hier wurde von einer Geburtenrate von 1,55 Kindern je Frau, einer Lebenserwartung bei Geburt im Jahr 2060 von 86,2 Jahren bei Jungen und 89,6 Jahren bei Mädchen sowie von einem durchschnittlichen Wanderungssaldo von 221.000 Personen pro Jahr ausgegangen.

Der von sieben der neun Varianten prognostizierte Bevölkerungsrückgang wird unaufhaltsam sein, weil in den kommenden Jahren immer kleinere Geburtsjahrgänge Familien gründen werden. Bei gleich bleibender Geburtenhäufigkeit von 1,6 Kindern pro Frau wird deshalb die Zahl der Geburten bis 2060 stetig sinken. Da gleichzeitig immer mehr Menschen aus geburtenstarken Jahrgängen sterben werden, wird das Geburtendefizit zunehmen, also der Überschuss der Sterbefälle über die Geburten. Nur laut Variante 5 wird es keinen Bevölkerungsrückgang geben, wobei hier von einer höheren Geburtenrate (1,7 Kinder je Frau), einer kürzeren Lebenserwartung (82,5 Jahre bei Jungen und 86,4 Jahre bei Mädchen bei Geburt im Jahr 2060) und einem höheren Wanderungssaldo (311.000 Personen pro Jahr) als bei den anderen Varianten ausgegangen wurde.

Der größte Unsicherheitsfaktor bei Bevölkerungsprognosen liegt in den Annahmen zur jährlichen Nettozuwanderung. So will die deutsche Wirtschaft in den kommenden Jahren mehr Fachkräfte im Ausland anwerben, um den bereits spürbaren Arbeitskräftemangel zu kompensieren (zurückgehende Zahl der Menschen im Erwerbsalter). Ein weiterer Unsicherheitsfaktor ist die Zahl der Asylbewerber/innen. So schwankte die Zahl der Asylerstanträge in den letzten Jahren zwischen 722.370 im Jahr 2016 und 142.509 im Jahr 2019. In den ersten neun Monaten des Jahres 2020 wurden nur 74.173 Erstanträge gestellt.

In den kommenden Jahren werden noch viele Ausländer/innen zuwandern, da für Deutschland mehr Wirtschaftswachstum als für andere EU-Staaten erwartet wird, die politische und wirtschaftliche Situation in vielen vorderasiatischen und afrikanischen Ländern angespannt bleiben dürfte und mit mehr Klimaflüchtlingen zu rechnen ist. Asylant/innen und Flüchtlinge werden weiterhin hohe Kosten verursachen, die eine rasch alternde Gesellschaft immer schwerer aufbringen kann. Auch könnte der wachsende Anteil von Migrant/innen an der Bevölkerung zu mehr Fremdenfeindlichkeit und Konflikten mit Deutschen führen.

Regionale Bevölkerungsentwicklung

Im Jahr 2019 lebten laut Statistischem Bundesamt 67,0 Millionen Personen (80,5%) im früheren Bundesgebiet; 16,2 Millionen Personen (19,5%) wohnten in den neuen Ländern und Berlin-Ost. In Westdeutschland lebten rund 3,4 Millionen Menschen mehr als zur Zeit der Wende (+4,1%). In Ostdeutschland und Berlin hat die Einwohnerzahl im Vergleich zu 1990 jedoch nur um 172.000 Personen zugenommen (+1,1%).

Viele ländliche Regionen – insbesondere abseits der Ballungsräume – erleben schon seit Jahren einen Bevölkerungsrückgang, der sich auch in absehbarer Zeit fortsetzen dürfte. Dies führt zu fallenden Immobilienpreisen – viele Mietwohnungen werden leer stehen oder abgerissen werden, Eigenheime und Eigentumswohnungen werden immer schwerer und zumeist nur mit Verlust verkauft werden können. So werden dort lebende Menschen niedrigere Mieten als heute zahlen bzw. preisgünstiger Wohneigentum erwerben können. Allerdings werden in diesen Regionen zunehmend Infrastruktur- und Dienstleistungen reduziert, während gleichzeitig die Versorgungsgebühren ansteigen, da die Anlagen nicht mehr ausgelastet sind und weniger Einwohner/innen für Reparaturen und Ersatzinvestitionen aufkommen. Zudem sind viele Orte schon jetzt nicht mehr an das öffentliche Nahverkehrsnetz angebunden, was z.B. für Senior/innen, die nicht mehr Auto fahren können, ein großes Problem darstellt.

Hingegen werden Ballungsräume wie z.B. Hamburg, Frankfurt, Stuttgart, München, Hannover und Berlin mitsamt dem Umland in den nächsten Jahren eine weitere Bevölkerungszunahme erfahren. Hier wandern jüngere, besser qualifizierte Menschen zu, und so werden Unternehmen vor allem in diesen Wachstumszentren neue Arbeitsplätze schaffen (Aufwärtsspirale). Allerdings werden die Lebenshaltungskosten weit über dem Durchschnitt liegen. Auch die Immobilienpreise und Mieten werden weiterhin hoch bleiben oder sogar noch steigen. Allein in Bayern besteht nach einer Prognose des Bundesinstituts für Bau-, Stadt- und Raumforschung ein Neubaubedarf von 46.600 Wohnungen pro Jahr für den Zeitraum 2021 bis 2025 und von 39.600 Wohnungen je Jahr für 2026 bis 2030. Diese Regionen werden weiterhin mit Straßen und Schienen unterversorgt sein, sodass hier hohe Staukosten entstehen.

Da die Berufsaussichten, die Einkaufsmöglichkeiten, die medizinische Versorgung und die Freizeitangebote in den Städten besser sind, wird die Urbanisierung weiter zunehmen. Zudem ziehen mehr Senior/innen in die Städte zurück, während für viele junge Paare das „Eigenheim im Grünen" nicht mehr die ideale Wohnform ist, weil sie beruflich mobil bleiben wollen und für sie die Vorteile des Stadtlebens überwiegen – selbst nach der Familiengründung (z.B. bessere Kinderbetreuungsangebote, mehr Schulformen, kürzere Wege zum Arbeitsplatz).

Aufgrund der zunehmenden Aufspaltung des Arbeitsmarktes in sehr gut und eher schlecht Verdienende werden auch die Städte „bipolar" werden: Es wird einerseits reiche Stadtteile sowie andererseits arme Viertel und soziale Brennpunkte geben. Vermutlich werden sich deutsche und ethnische Quartiere mit schon jetzt drastisch unterschiedlichen Lebensbedingungen noch stärker voneinander abgrenzen. Menschen mit Migrationshintergrund werden auch in Zukunft eher in Städten leben, häufiger in Miethaushalten wohnen und über weniger Wohnraum – mit einer schlechteren Ausstattung (z.B. im technischen Bereich) – verfügen als Deutsche. Die Bildungschancen ihrer Kinder werden sich aufgrund besonderer Förderprogramme verbessern, aber vor allem bei Zugehörigkeit zur Unterschicht weiterhin unterdurchschnittlich sein. Kinder mit Migrationshintergrund werden aufgrund der sozialräumlichen Polarisierung der Wohnviertel auch andere Kindertageseinrichtungen und (Grund-) Schulen besuchen als Kinder aus der Mittelschicht.

Alterung der Bevölkerung

In den kommenden Jahrzehnten wird sich die Altersstruktur der Gesellschaft stark verändern. Laut Variante 9 der 14. koordinierten Bevölkerungsvorausberechnung des Statistischen Bundesamtes (s.o.) waren 49,9 Millionen Menschen (60,1% der Bevölkerung) im Jahr 2018 im Erwerbsalter von 20 bis 64 Jahren. Ihre Zahl wird auf 44,1 Millionen (53,3%) im Jahr 2040 bzw. 40,8 Millionen (51,2%) im Jahr 2060 zurückgehen. Der Anteil von Menschen unter 20 Jahren wird von 15,3 Millionen (18,4% der Bevölkerung) im Jahr 2018 über 14,9 Millionen (18,0%) im Jahr 2040 auf 14,1 Millionen (17,7%) im Jahr 2060 sinken.

Hingegen wird die Zahl der 65-Jährigen und Älteren stark ansteigen, weil nach 2020 die geburtenstarken Jahrgänge in dieses Alter kommen werden. Sie wird von 17,8 Millionen (21,5% der Bevölkerung) im Jahr 2018 auf 23,7 Millionen (28,7%) im Jahr 2040 bzw. 23,8 Millionen (31,1%) im Jahr 2060 zunehmen. Im letztgenannten Jahr wird nahezu jeder Dritte mindestens 65 Jahre alt sein – und jeder Siebte wird sogar 80 Jahre oder älter sein.

Bedenkt man die hohe Lebenserwartung und den guten Gesundheitszustand vieler Senior/innen, so ist nicht verwunderlich, dass sich 58% der 65- bis 85-Jährigen laut der Generali Altersstudie von 2017 nicht als „alte Menschen" bezeichneten. Rund 46% der 65- bis 69-Jährigen verbanden das Alter vor allem mit neuen Chancen – bei den 70- bis 74-Jährigen waren es noch 41%. Die meisten Senior/innen führen ein aktives Leben: Sie verbringen z.B. viel Zeit mit ihren Hobbys sowie mit ihren Kindern und Enkeln, sind viel mit dem eigenen Auto unterwegs und nutzen zunehmend das Internet. Außerdem sind 42% der 65- bis 85-Jährigen ehrenamtlich tätig. Die meisten Senior/innen sind laut der Umfrage mit ihrer materiellen Situation, ihrer Wohnsituation und ihrem Leben zufrieden. In den kommenden Jahren wird sich die Gruppe der über 65-Jährigen weiter aufspalten: In „junge Senior/innen", „rüstig Gebliebene" und „Hochbetagte" – mit ganz unterschiedlichen Lebensstilen und -umständen.

Mit der Alterung der Bevölkerung wird der Altenquotient – die Anzahl der Menschen im Rentenalter je 100 Personen im Erwerbsalter – erheblich zunehmen. Im Jahr 2018 kamen laut Variante 9 der

14. koordinierten Bevölkerungsvorausberechnung 35,7 Senior/innen im Alter von 65 Jahren und mehr auf 100 Personen zwischen 20 und 64 Jahren. Ihre Zahl wird auf 47,5 im Jahr 2030, 53,8 im Jahr 2040, 56,0 im Jahr 2050 und 60,8 im Jahr 2060 ansteigen. Im Jahr 2018 mussten 100 Menschen im erwerbsfähigen Alter für 30,6 Kinder bzw. Jugendliche und 35,7 Senior/innen aufkommen. Es ist offensichtlich, dass sie schon 2030 nicht im gleichen Maße wie heute für dann 34,1 Kinder und 47,5 Senior/innen sorgen können – geschweige denn 2060 für 34,6 Kinder und 60,8 alte Menschen.

Bei den anderen acht Hauptvarianten der Bevölkerungsvorausberechnung steigt der Altenquotient für 2060 auf Werte zwischen 49,5 und 64,9 – es kommt also in jedem Fall eine große Belastung auf den erwerbsfähigen Bevölkerungsteil zu. Wenn man bedenkt, dass nicht alle Menschen zwischen 20 und 64 Jahren voll erwerbstätig sind, sondern manche noch eine Ausbildung machen oder studieren, andere arbeitslos sind oder nur wenig verdienen, und wieder andere sich in der Familienphase befinden, dann geht die Tendenz dahin, dass Mitte dieses Jahrhunderts ein Arbeitnehmer fast alleine für einen Rentner aufkommen müsste.

Dies ist natürlich nicht möglich. So ist es in den kommenden Jahrzehnten unausweichlich, dass Menschen weit über ihr 65. Lebensjahr hinaus arbeiten müssen – es wird nicht länger möglich sein, dass Senioren wie 2019 im Durchschnitt 19,55 Jahre lang Rente beziehen, und Seniorinnen sogar 21,36 Jahre lang. Laut Institut der deutschen Wirtschaft (IW) müsste deshalb das Renteneintrittsalter weiter erhöht werden: bis 2030 auf 69 Jahre und bis 2041 auf 73 Jahre.

Dennoch wird die Rente für viele Senior/innen – insbesondere solche, die während ihrer Erwerbstätigkeit wenig verdient haben oder längere Zeit arbeitslos waren – nicht mehr ausreichen. Laut Recherchen des Westdeutschen Rundfunks werden im Jahr 2030 fast 50% der Menschen, die in den Ruhestand eintreten, eine Rente erhalten, die nicht über dem Hartz IV-Niveau liegen wird. Um dies zu vermeiden, haben Bundestag und Bundesrat die Grundrente verabschiedet, die ab Januar 2021 an 1,3 Millionen Rentner ausgezahlt wird.

Im Jahr 2019 galten laut dem Wirtschafts- und Sozialwissen-schaftlichen Institut (WSI) 15,7% aller Senior/innen als arm – ge-genüber 11,0% im Jahr 2005. Viele alte Menschen sind auf soziale Grundsicherung angewiesen (Juni 2019: 566.244 Rentner/innen) oder müssen jobben: Im Jahr 2019 hatten bereits 1,06 Millionen Menschen, die älter als 65 Jahre waren, einen Minijob. Mehr als 400.000 Rentner/innen waren 2019 auf die Tafeln hinsichtlich ihrer Versorgung mit Lebensmitteln angewiesen – 20% mehr als im Vor-jahr (registrierte Nutzer/innen laut Trägerverein Tafel Deutschland). Wer nicht privat vorgesorgt hat oder über Vermögen verfügt, wird sich mit einem geringeren Lebensstandard abfinden müssen.

Aber auch Vermögende werden unter Umständen feststellen, dass sie für ihre Aktien und Immobilien weniger als erwartet bekommen, da es mehr Verkäufer als Käufer geben könnte – was die Preise drü-cken würde. So ist es nicht verwunderlich, dass sich laut dem Institut für Demoskopie Allensbach bereits 55% der Deutschen Sorgen ma-chen, dass sie ihren Lebensstandard im Alter nicht halten können. Besonders problematisch könnte in Zukunft die Situation von älteren Menschen mit niedrigen Renten sein, die von Behinderung, psychi-scher Erkrankung oder Demenz betroffen – also pflegebedürftig – sind, da hier zusätzliche Kosten entstehen.

Wie hoch die Renten in Zukunft sein werden, wird weitgehend von der Wirtschaftsentwicklung abhängen. Verläuft sie positiv, könnten nahezu alle Menschen im erwerbsfähigen Alter berufstätig sein, also Lohnsteuer und Sozialversicherungsbeiträge zahlen. Selbst dann werden laut einer Prognos-Studie schon im Jahr 2030 die Ren-tenversicherungsbeiträge auf 22,0% und 2040 auf 23,8% steigen – und die Beiträge für Krankenkassen und Pflegeversicherung auf 20,6% bzw. 22,9%. Die Corona-Pandemie und die durch sie ausge-löste Wirtschaftskrise dürften diese Entwicklung noch beschleuni-gen: So sinken z.B. die Einnahmen der Rentenversicherung, was laut einer Studie des Ifo-Instituts dazu führen könnte, dass hinsichtlich des Beitragssatzes die bis 2025 festgelegte Haltelinie von 20% be-reits 2021 erreicht wird. Zwischen 2026 und 2035 könnte dann der Rentenversicherungsbeitrag auf bis zu 24% ansteigen.

Hinzu kommt, dass aufgrund der zurückgehenden Zahl der Er-werbstätigen auch die Steuereinnahmen sinken dürften. So geht das

Institut der deutschen Wirtschaft in Köln davon aus, dass z.B. das Einkommensteueraufkommen – gemessen in heutigen Preisen – von 281 Milliarden Euro im Jahr 2016 auf 263 Milliarden Euro im Jahr 2035 abnehmen wird. Im gleichen Zeitraum dürften die Sozialbeiträge von 330 auf 322 Milliarden Euro sinken. Sollten die Staatsausgaben steigen – z.B. wegen höherer Zuschüsse zu den Sozialversicherungen oder einer wachsenden Zahl von Sozialhilfeempfänger/innen und Arbeitslosen – könnten Steuererhöhungen zum Ausgleich des Defizits nötig werden. Auch diese Trends dürften durch die wirtschaftlichen Folgen der Corona-Krise beschleunigt werden.

So werden die Menschen ab 2020 weniger Geld für den Konsum haben: Laut dem Deutschen Institut für Wirtschaftsforschung könnten die Konsumausgaben 2050 mit 935 Milliarden Euro unter dem heutigen Niveau liegen. Damit wird die innerdeutsche Nachfrage nach Gütern und Dienstleistungen sinken. Die Unternehmen werden die steigenden Sozialversicherungsbeiträge in die Preise hinein rechnen müssen, was den Export in außereuropäische Länder erschweren dürfte. Die zurückgehende Nachfrage, sinkende Investitionen sowie die mangels junger, kreativer Arbeitskräfte geringere Innovationsfähigkeit und kaum noch wachsende Produktivität könnten dazu führen, dass viele Unternehmen abwandern und die Wirtschaft stagniert oder sogar schrumpft.

Krankheiten und Pflegebedürftigkeit

Die Alterung der deutschen Bevölkerung wird laut Fritz Beske, Direktor des Instituts für Gesundheits-System-Forschung in Kiel, dazu führen, dass bis 2050 die Zahl der Menschen mit Lungenentzündung um 149%, mit altersbedingter Makuladegeneration um 125%, mit Demenz um 104%, mit Oberschenkelhalsfrakturen um 88%, mit Herzinfarkt um 75%, mit Schlaganfall um 62%, mit Krebs um 27%, mit Osteoporose um 26% und mit Diabetes mellitus um 22% gegenüber dem Jahr 2007 ansteigen wird. So gehen Schätzungen davon aus, dass die Zahl der Belegungstage in Krankenhäusern zwischen 2009 und 2030 um 13% zunehmen wird.

Dementsprechend ist mit höheren Kosten im Gesundheitswesen zu rechnen. Für Menschen, die 65 Jahre alt und älter sind, musste

112

eine Krankenkasse wie die Barmer 2019 mehr als 6.600 Euro aufbringen, für 18- bis 24-Jährige hingegen nur knapp 1.600 Euro und für 40- bis 44-Jährige knapp 2.500 Euro. Da die Zahl der Rentner/innen rasant zunehmen wird, müsste der Beitragssatz laut der Deutschen Aktuarvereinigung von derzeit 15,6% bis 2060 auf knapp 25% ansteigen, falls alle die gleichen Leistungen wie heute beanspruchen. Dies wird für die Arbeitnehmer/innen nicht akzeptabel sein, da sie – wie bereits erwähnt – auch mehr Rentenversicherungsbeiträge zahlen müssen. So werden die Leistungen der Krankenkassen wahrscheinlich reduziert werden.

Die Alterung der Gesellschaft wird zu einem rasch wachsenden Bedarf an sozialen Einrichtungen und Diensten für ältere und hochbetagte Menschen führen – an Begegnungs-, Freizeit-, Kultur-, Service- und Beratungsstellen. So ist die Zahl der Pflegebedürftigen bereits von 2,5 Millionen im Jahr 2013 auf 4,1 Millionen zum Jahresende 2019 angestiegen – und wird laut Bundesministerium für Gesundheit auf 5,3 Millionen im Jahr 2050 zunehmen. Darunter werden laut der Deutschen Alzheimer Gesellschaft rund 3 Millionen Demenzkranke (2050) sein. Viele Pflegebedürftige werden auf öffentliche Unterstützung angewiesen sein, da immer häufiger Partner oder erwachsene Kinder fehlen werden, die bisher in zwei Dritteln der Fälle die Pflege übernahmen. In Zukunft werden Kinder auch häufiger an weit entfernten Orten wohnen oder Vollzeit erwerbstätig sein. Dementsprechend werden mehr geriatrische und gerontopsychiatrische Abteilungen in Krankenhäusern, mehr Alten- und Pflegeheime, mehr Tages- und Kurzzeitpflegeplätze sowie mehr ambulante pflegerische, hauswirtschaftliche und Mahlzeitendienste benötigt werden. Laut dem Pflegeheim-Atlas Deutschland 2018 wird die Zahl der Pflegeheimplätze von 929.000 im Jahr 2016 auf knapp 1,2 Millionen im Jahr 2030 erhöht werden müssen. Bis 2030, so eine Bertelsmann-Studie, werden 500.000 Pflegekräfte fehlen.

In den kommenden Jahren müssen sich Pflegeheime und ambulante Dienste zunehmend für Menschen mit Migrationshintergrund öffnen – selbst wenn ältere Migrant/innen häufiger als deutsche Senior/innen mit jüngeren Familienangehörigen zusammenleben und von diesen im Bedarfsfall gepflegt werden. Im Jahr 2030 wird jeder Vierte der über 60-Jährigen in Deutschland ein Einwanderer sein –

die meisten von ihnen Muslime. Werden sie pflegebedürftig und können nicht von Verwandten versorgt werden, muss die Altenpflege für sie besondere Konzepte entwickeln (z.B. Lamm statt Schwein beim Mittagessen oder ein eigener Gebetsraum im Heim mit der Möglichkeit für rituelle Waschungen). Auch müssen Pfleger/innen ausgebildet werden, die Sprache und Kultur der Muslime kennen. Hier könnte auf Personen mit einem entsprechenden Migrationshintergrund zurückgegriffen werden.

Bei der skizzierten Entwicklung ist damit zu rechnen, dass auch die Pflegeversicherung schon bald an ihre Grenzen stoßen wird – zumal die Zahl der Beitragszahler/innen im Jahr 2050 um ein Drittel kleiner sein wird als heute. Die Ausgaben für Pflege werden laut einem Gutachten von Professor Reinhold Schnabel, Universität Duisburg-Essen, im Jahr 2030 bei nahezu 48 Milliarden Euro liegen, von denen die gesetzliche Pflegeversicherung lediglich 32 Milliarden Euro übernehmen wird. Die übrigen Kosten müssen privat oder von den Kommunen aufgebracht werden. Dementsprechend werden sich diese Selbstbeteiligungs- und Sozialhilfeausgaben bis zum Jahr 2050 verfünffachen. Zugleich müsste der Beitragssatz der gesetzlichen Pflegeversicherung laut der Deutschen Aktuarvereinigung bis 2060 auf bis zu 8,5% steigen.

Gesellschaft

Viele Menschen haben Angst vor sozialen Spannungen, da die Unterschiede zwischen Arm und Reich in Deutschland immer größer werden. Im Jahr 1970 besaßen die reichsten 10% der Privathaushalte 44% des gesamten Netto-Vermögens – jetzt sind es laut der Credit Suisse 65%. Das reichste Prozent verfügt sogar über 31,5%, während die unteren 50% lediglich auf 2,4% des Gesamtvermögens kommen. Laut Stern besitzen die 32 reichsten Privathaushalte genauso viel wie die ärmere Hälfte der Bevölkerung (41 Millionen Menschen). Hinzu kommt, dass auch in den Vorstandsetagen großer Unternehmen die Gehälter stark gestiegen sind. Diese neoliberalen Trends könnten zu einer Gefahr für die soziale Marktwirtschaft werden – und für die Demokratie, wenn immer mehr Menschen die Politik für die zunehmende Spaltung der Gesellschaft verantwortlich machen sollten.

Im Jahr 2019 lebten laut Wirtschafts- und Sozialwissenschaftlichem Institut (WSI) 15,9% der Menschen in Deutschland in Armut, d.h. sie verfügten über weniger als 60% des mittleren bedarfsgewichteten Nettoeinkommens der Bevölkerung in Privathaushalten. Laut dem Schuldner-Atlas der Wirtschaftsauskunftei Creditreform waren 6,85 Millionen Privatpersonen in Deutschland im Oktober 2020 überschuldet, konnten Rechnungen in Höhe von insgesamt 189 Milliarden Euro nicht bezahlen. So ist nicht verwunderlich, dass es 2019 laut Statistischem Bundesamt 60.832 Verbraucherinsolvenzen gab. Deren Zahl dürfte in den folgenden zwei Jahren aufgrund der mit der Corona-Pandemie verbundenen Wirtschaftskrise stark ansteigen. Ende 2019 erhielten laut Statistischem Bundesamt knapp 6,9 Millionen Menschen soziale Mindestsicherungsleistungen (8,3% der Bevölkerung); rund 504.400 Haushalte bezogen Wohngeld (1,2% aller Privathaushalte). Laut der BAG Wohnungslosenhilfe gab es 2018 rund 237.000 Wohnungslose sowie ca. 441.000 wohnungslose anerkannte Flüchtlinge.

Besonders Kinder sind von Armut betroffen. Im Jahr 2019 lebten laut Wirtschafts- und Sozialwissenschaftlichem Institut (WSI) 20,5% aller Kinder in Armut – im Jahr 2005 waren es 19,5%. Die Bundesagentur für Arbeit bezifferte die Zahl der Kinder und Jugendlichen, die im Juni 2020 von Hartz IV lebten, auf 1,9 Millionen. Viele der von Armut betroffenen Kinder und Jugendlichen haben schlechtere Bildungs- und Lebenschancen – egal ob sie einen deutschen oder einen ausländischen Pass besitzen.

Ob soziale Unterschiede in den kommenden Jahren größer oder kleiner werden, wird weitgehend von der Wirtschaftsentwicklung abhängen, aber auch von politischen Entscheidungen. Auf jeden Fall werden sich viele Menschen immer mehr einschränken müssen. So prognostiziert der Zukunftsforscher Horst W. Opaschowski ein Umdenken vom quantitativen hin zum qualitativen Wachstum, also einen Einstellungswandel vom materiellen „Immer-Mehr" hin zum immateriellen „Immer-Besser". Nicht mehr die Lebensstandardsteigerung werde vorrangiges Ziel sein, sondern die Lebensqualität. Ehe, Kinder und Freunde würden für die Menschen wieder wichtiger werden, da diese mehr persönliche Lebenserfüllung gewähren als der Konsum.

Deutsche, Migranten und Flüchtlinge

Aufgrund des Zuzugs Hunderttausender Flüchtlinge befürchten viele Deutsche große Konflikte zwischen Einheimischen, Migrant/innen und Flüchtlingen bzw. zwischen Christen und Muslimen sowie eine Zunahme rechtsradikaler und terroristischer Gewaltakte (s.u.). Zudem wird die weitere Integration von Flüchtlingen vor allem den unteren sozialen Schichten aufgebürdet, da sich Zuwanderer in deren Wohnvierteln (und nicht in von der Mittelschicht bewohnten Stadtteilen) ansiedeln. Dort treten Flüchtlinge als Konkurrenten um preiswerten Wohnraum auf.

Zudem werden Flüchtlinge mit schlecht qualifizierten Deutschen und Migrant/innen der zweiten und dritten Generation um Arbeitsplätze konkurrieren, die nur geringe berufliche Qualifikationen voraussetzen. Laut dem Institut für Arbeitsmarkt- und Berufsforschung der Bundesagentur für Arbeit hatten gut 70% der Flüchtlinge von 2016/17 keine abgeschlossene Berufsausbildung; viele hatten nur wenige Jahre lang eine Schule besucht. Auch sind 2019 laut Bundesamt für Migration und Flüchtlinge (BAMF) 50,6% der Teilnehmer/innen an Deutschkursen bei der Sprachprüfung B1 durchgefallen – von den Testteilnehmenden mit Wiederholungszulassung waren es

116

noch 24,6%. So werden Flüchtlinge zumeist nur als Hilfskräfte in Gastronomie, Reinigung, Sicherheitsdienst und Handel geeignet sein. Mitte 2019 hatten laut Bundesagentur für Arbeit erst rund 36% aller Flüchtlinge eine sozialversicherungspflichtige Beschäftigung gefunden.

Betrachtet man alle in Deutschland lebende Ausländer/innen, so war im August 2020 laut Zuwanderungsmonitor des Instituts für Arbeitsmarkt- und Berufsforschung die Beschäftigungsquote mit 52,1% niedriger als die allgemeine Beschäftigungsquote von 67,2%. Zugleich lag die Arbeitslosenquote mit 16,0% über dem Durchschnittswert von 7,6%. Ein höherer Prozentsatz von Ausländer/innen (und insbesondere von Flüchtlingen) als von Deutschen ist somit auf Sozialleistungen angewiesen. Beispielsweise betrug die SGB II-Hilfequote bei Ausländer/innen 19,9% (August 2020). Insbesondere wenn sich sozial schwache Deutsche bei Sozialleistungen als benachteiligt erleben oder von Kürzungen derselben betroffen sein sollten, dürften Ressentiments gegenüber Flüchtlingen und anderen Ausländer/innen zunehmen.

Zudem erleben sich viele Menschen mit Migrationshintergrund nicht als sozial anerkannt. Beispielsweise fühlte sich laut einer repräsentativen Emnid-Unfrage von 2015/16 gut die Hälfte der Zuwanderer aus der Türkei und ihrer Nachkommen als Bürger zweiter Klasse. Insgesamt 65% der Türkischstämmigen der ersten Generation erlebten sich als durch die Mehrheitsgesellschaft abgelehnt; bei der zweiten und dritten Generation waren es aber „nur“ noch 43%. Obwohl Letztere besser integriert waren, waren sie jedoch weniger bereit als die Einwanderer der ersten Generation, sich an die deutsche Kultur anzupassen (52% versus 72%), wollten sie häufiger selbstbewusst zur eigenen Herkunft stehen (86% zu 67%). Die weitaus meisten Befragten fühlten sich sowohl mit Deutschland (87%) als auch mit der Türkei (85%) verbunden.

In der Bevölkerung sind negative Haltungen gegenüber Migrant/innen weit verbreitet, oft verbunden mit rechtspopulistischen Positionen. So zeigte z.B. die „Mitte-Studie“ der Friedrich-Ebert-Stiftung von 2018/19, dass 18,7% der Deutschen fremdenfeindliche Einstellungen aufwiesen. Noch stärker ausgeprägt war die Abwertung von Asylsuchenden (bei 52,9% der Befragten), von Sinti und Roma

(24,7%) und von Muslimen (20,0%). Jeder fünfte Befragte (21%) tendierte zu rechtspopulistischen Einstellungen.

Zudem ist eine gewisse Demokratieverdrossenheit festzustellen, sinkt das Vertrauen der Menschen in die Parteien und in staatliche Institutionen wie z.B. die Polizei. So ist es nicht verwunderlich, dass z.B. bei der Bundestagswahl 2017 die AfD 12,6% der Zweitstimmen erhielt.

Die Ängste der Deutschen

Es ist verständlich, dass Menschen in einer Gesellschaft, die sich so rasant verändert und die so viele Probleme vor sich her schiebt, immer ängstlicher werden. So befürchten manche, dass die sich bei der Kranken- und Pflegeversicherung abzeichnenden Sparzwänge dazu führen werden, dass nicht mehr allen Menschen eine gute medizinische Versorgung garantiert werden kann und dass notwendige Operationen und Behandlungen – insbesondere bei älteren Menschen – nicht mehr durchgeführt werden. Sie rechnen damit, dass dann auch festgelegt werden wird, wie lange das Leben eines Hochbetagten verlängert werden darf und in welchen Fällen Euthanasie angezeigt ist. In den Benelux-Staaten ist inzwischen nicht nur die passive, sondern auch die aktive Sterbehilfe erlaubt.

Auch die Angst, Opfer von Straftätern zu werden, nimmt zu. Beispielsweise ist in den letzten Jahren in vielen Regionen Deutschlands die Zahl der Wohnungseinbrüche rasant angestiegen. Die Polizeiliche Kriminalstatistik für das Jahr 2019 listet 5,4 Millionen Straftaten auf bzw. 5,3 Millionen Straftaten ohne Verstöße gegen das Ausländerrecht. Ein großer Teil der Tatverdächtigen (699.261 von 2.019.211 Personen) hatte einen Migrationshintergrund – rechnet man ausländerrechtliche Verstöße heraus, betrug die Zahl nichtdeutscher Tatverdächtiger 577.241. Darunter befanden sich 151.009 Zuwanderer.

Viele Menschen haben auch Angst vor Terrorakten. So nimmt die Zahl potenzieller Terrorist/innen zu – auch von solchen mit deutschem Pass. Zudem gibt es immer mehr Gewalttätigkeiten seitens Links- und Rechtsradikaler. Weitere Bedrohungen kommen aus dem Internet, wie z.B. Phishing, Computerbetrug oder Cybermobbing.

118

Zudem nimmt die Angst vor einer Wohlstandswende zu, da z.B. eine alternde Arbeitnehmerschaft immer weniger mit den jungen und dynamischen Arbeitskräften in den Schwellenländern konkurrieren könne, da zu wenig Geld für die Forschung und die Entwicklung von Zukunftstechnologien ausgegeben werde, da das Bildungssystem in Deutschland im Vergleich zu denjenigen in anderen OECD-Ländern schlechter sei und somit unzureichend auf die Wissensgesellschaft vorbereite, da sichere Stellen und solche mit einem guten Einkommen immer seltener werden und da die Bürger/innen einen immer größer werdenden Anteil ihrer Einkünfte für Steuern und Sozialabgaben verwenden müssten.

Zu dieser Angst trägt bei, dass die hohen Staatsschulden – Angang Januar 2021 lagen sie laut Bund der Steuerzahler bei 2,3 Billionen Euro bzw. bei 27.381 Euro pro Person – von immer weniger werdenden Erwerbstätigen bzw. Steuerpflichtigen zurückbezahlt werden müssen. Und dabei war 2019 die Steuer- und Abgabenlast bei alleinstehenden Durchschnittsverdienern mit 49,4% des Arbeitseinkommens in Deutschland schon die zweithöchste im Vergleich mit 34 anderen OECD-Ländern (Durchschnitt: 36,0%). Hinsichtlich der Steuer- und Abgabenlast eines Ehepaars mit zwei Kindern kam Deutschland mit 34,3% auf den 8. Platz (OECD-Durchschnitt: 26,4%). Der Bund der Steuerzahler berechnete für 2020, dass nach Abzug der Steuern und (Sozial-) Abgaben sogar nur 47,9 Cent von jedem verdienten Euro übrig bleiben würden.

Einen Überblick über die derzeit vorherrschenden Befürchtungen bietet die repräsentative R+V-Studie „Die Ängste der Deutschen", die 2020 bereits zum 29. Mal durchgeführt wurde (siehe die Tabelle auf der folgenden Seite).

Auch Kinder und Jugendliche leiden unter Ängsten. Der repräsentativen World Vision Kinderstudie 2018 zufolge hatten 58% der Sechs- bis Elfjährigen Angst vor Terroranschlägen, 50% vor dem Ausbruch eines Krieges und 45% vor Ausländerfeindlichkeit. Viele Kinder befürchteten, dass ihre Eltern arbeitslos werden könnten, dass immer mehr Ausländer/innen nach Deutschland kommen und dass die Umweltverschmutzung zunimmt.

Die Ängste der Deutschen						
Angst vor...	*2020*	*2019*	*2018*	*2017*	*2016*	*2015*
...gefährlicherer Welt durch Trump-Politik	53%	55%	69%	-	-	-
...steigenden Lebenshaltungskosten	51%	43%	49%	50%	54%	48%
...Kosten für Steuerzahler durch EU-Schuldenkrise	49%	44%	58%	58%	65%	64%
...schlechterer Wirtschaftslage	48%	35%	39%	37%	52%	40%
...Naturkatastrophen/ Wetterextremen	44%	41%	56%	56%	52%	53%
...Spannungen durch Zuzug von Ausländern	43%	55%	63%	61%	67%	49%
...Überforderung des Staates durch Flüchtlinge	43%	56%	63%	57%	66%	50%
...Schadstoffen in Lebensmitteln	42%	42%	55%	58%	57%	57%
...häufigeren Pandemien durch Globalisierung	42%	-	-	-	-	-
...Pflegefall im Alter	41%	45%	52%	52%	57%	49%
...Überforderung der Politiker	40%	47%	61%	55%	65%	48%
...politischem Extremismus	37%	47%	57%	62%	68%	49%
...Terrorismus	35%	44%	59%	71%	73%	52%

Religion und Werthaltungen

Allerdings werden die Katholische und die Evangelische Kirche vermutlich von der zunehmenden Verunsicherung vieler Menschen wenig profitieren – im Gegensatz zu Sekten oder „Feel-Good-Religionen" (Matthias Horx). Für viele Menschen ist der christliche

Glaube bedeutungslos geworden: Laut einer INSA-Umfrage von 2019 glauben nur noch 39,2% aller Deutschen an einen Gott – 51,8% verneinen seine Existenz. Nur 35,0% glauben an Wunder, 29,3% an den Himmel und 14,5% an die Hölle. So verlieren die großen christlichen Kirchen schon seit Jahren Mitglieder: Einer Studie der Universität Freiburg von 2019 zufolge werden sich die Mitgliederzahlen bis 2030 um 22% und bis 2060 sogar um 49% verringern – von 44,8 auf 22,7 Millionen Deutsche. Dementsprechend werden sich die Kirchensteuereinnahmen halbieren. In Deutschland gehören derzeit weniger als drei Fünftel der Einwohner/innen noch einer der beiden Konfessionen an; im Jahr 2025 könnten die Nicht-Gläubigen bereits in der Mehrheit sein. So dürfte zukünftig nur ein kleiner Teil der deutschen Bevölkerung religiös sein.

Diese Aussagen gelten aber nicht für die weiter zunehmende Zahl von Mitbürger/innen, die dem Islam angehören. Die meisten von ihnen werden auch in Zukunft (sehr) religiös sein. Laut einer repräsentativen Emnid-Umfrage von 2015/16 schätzten sich z.B. 62% der Türkischstämmigen der ersten in Deutschland lebenden Generation als religiös ein und sogar 72% der Befragten der zweiten und dritten Generation. Allerdings besuchten Letztere seltener wöchentlich die Moschee (23% versus 32%) und verrichteten auch seltener mehrfach am Tag das persönliche Gebet (35% versus 55%). Die Hälfte der Türkischstämmigen war der Meinung, dass es nur *eine* wahre Religion gäbe; 42% hielten die Befolgung der Islam-Gebote für wichtiger als die deutschen Gesetze; 13% wiesen ein verfestigtes fundamentalistisches Weltbild auf.

Je mehr Religion, tradierte Lebensformen oder in der Jugend übernommene Denk- und Orientierungsmuster an Bedeutung verlieren, umso größere Freiräume wird das Individuum hinsichtlich der eigenen Lebensgestaltung haben. So werden Deutsche vermehrt durch eigene Anstrengung soziale Strukturen aufbauen bzw. individuelle Wertvorstellungen und Denkweisen entwickeln müssen. Dies kann mit Ängsten und Orientierungslosigkeit verbunden sein – aber auch zum Rückzug in die vertraute Heimat führen, sodass entsprechende Identitäten und kulturelle Besonderheiten bewahrt werden. Bei anderen Menschen besteht hingegen eine große Weltoffenheit. Dazu trägt die ungebrochen große Reiselust der Deutschen bei: Im

Urlaub, aber auch beruflich, werden andere Kulturen kennen gelernt. Oft werden dann Elemente aus ihnen übernommen oder sogar „multikulturelle" Persönlichkeiten entwickelt.

Lebensgestaltung

Genauso wie sich die technische Entwicklung und der soziale Wandel beschleunigen, wird auch das Leben der Menschen hektischer werden: Sie werden immer mehr Dinge gleichzeitig tun (Multitasking) und zunehmend Angst haben, etwas zu verpassen – seien es Informationen, Events oder der Anschluss an Freunde. Letzteres zeigt sich z.B. in der zunehmenden Nutzung von Handys, um zu erfahren, was Bekannte gerade machen, welche Freizeitaktivitäten sie planen, was sie lesen, was sie gerade gekauft haben, welche Filme sie anschauen usw. Im Jahr 2019 verwendeten laut der Daten- und Analyseplattform „App Annie" Menschen weltweit ihre Smartphones im Durchschnitt für 3,7 Stunden pro Tag. Bei der 18. Shell Jugendstudie 2019 gaben die befragten 12- bis 25-Jährigen an, dass sie an einem gewöhnlichen Tag 3,7 Stunden im Internet seien, wozu 70% der jungen Menschen in erster Linie das Handy nutzten.

Laut einer Studie im Auftrag von Telefónica Deutschland aus dem Jahr 2019 wird das Smartphone immer mehr zu einer „Schaltzentrale des digitalen Alltags": Mehr als 74% der 18- bis 29-jährigen und 69% der 30- bis 49-jährigen Befragten nutzten es zur eigenen Unterhaltung und Entspannung. Lediglich 22% aller Befragten legten das Handy während der Freizeit für mehr als 60 Minuten aus der Hand. Hingegen antwortete z.B. jeder zweite 18- bis 29-Jährige innerhalb von fünf Minuten auf eingegangene Nachrichten. Dabei – und beim Teilen von digitalen Erlebnissen, Fotos und Videos – nutzten 73% aller Befragten Messenger-Apps und 52% soziale Netzwerke – E-Mails (29%) und SMS (18%) haben somit an Bedeutung verloren.

Vor diesem Hintergrund wird oft problematisiert, dass die dauernde Unterbrechung anderer Aktivitäten durch die Handynutzung zu einer zunehmenden Fragmentierung des Alltags, zu weniger Konzentration und abnehmender Produktivität führe. Zudem könnten immer mehr Menschen internetsüchtig werden. So berichtete die Drogenbeauftragte der Bundesregierung, dass 2019 z.B. 8,2% der 10- bis 17-Jährigen eine riskante und 3,2% eine pathologische Nutzung von Social Media zeigten; hinsichtlich des Spielverhaltens waren es 10,0 bzw. 2,7%.

Die Menschen werden laut der Studie „Zukunft und Zukunftsfähigkeit der Informations- und Kommunikationstechnologien und Medien", die u.a. von der Deutschen Telekom AG herausgegeben wurde, in den nächsten Jahren weiterhin klassische Printmedien nutzen. Jedoch werden in Deutschland – wie schon in den USA – viele Zeitungen und Zeitschriften nicht überleben, zumal sie zunehmend im Internet gelesen werden und Menschen immer öfter auf andere Informationsquellen wie die sozialen Medien zurückgreifen. Bücher werden auch immer mehr Konkurrenz durch E-Books erfahren. Es wird nur selten für eine längere Zeitdauer gelesen werden, sondern eher in Pausen oder in „Häppchen".

Laut der vorgenannten Studie wird das Internet im Jahr 2025 das Unterhaltungsmedium Nummer eins sein; mehr als 95% der Deutschen werden es regelmäßig nutzen. Jeder zweite wird sich dann auch in virtuellen Welten und Communities bewegen. Immer mehr Menschen werden Filme und Texte sowohl auf dem Fernseher bzw. dem PC-Bildschirm als auch auf dem Smartphone, Laptop oder Tablet anschauen. Das Angebot an Videos und komplexen Computerspielen wird weiter wachsen. Ferner können immer mehr Orte und Institutionen via Internet aufgesucht werden – bereits jetzt besucht mehr als die Hälfte der Menschen eher virtuelle als physische Museen. Auch das soziale Leben wird zunehmend durch das Internet bestimmt werden: Es wird weniger persönliche Kontakte vor Ort und mehr virtuelle geben. Insbesondere bei Kindern und Jugendlichen besteht dann die Gefahr, dass kommunikative und interpersonale Kompetenzen nur noch unzureichend entwickelt werden.

Bei der Mediennutzung wird die Unterhaltung weiterhin dominieren, wobei oberflächlicher konsumiert wird: Das Fernsehen wird zunehmend nebenher laufen, während die Menschen anderen Beschäftigungen nachgehen. Beispielsweise schauten 2019 laut einer Studie im Auftrag von Telefónica Deutschland 57% der 18- bis 29-Jährigen und 49% der 30- bis 49-Jährigen während des Fernsehens parallel auf ihr Smartphone. Außerdem wird zunehmend zwischen Sendern gezappt und kaum eine Sendung zu Ende angesehen, werden nur kurze Filme angeschaut und eher seichte, oberflächliche und gewalttätige Sendungen ausgewählt. Immer häufiger werden Streaming-Dienste genutzt.

Ferner wird die Freizeit stärker strukturiert und fokussiert gestaltet werden. Die hier entstehenden Kosten werden ansteigen, da die Menschen mehr für Freizeitaktivitäten (z.B. für Besuche in Fitness-Studios, Thermen usw., für Internetnutzung, Streaming etc., für notwendige Ausstattungen wie Bikes, Sportbekleidung usw.), für kulturelle Angebote, Events und Kurzreisen ausgeben werden. Haustiere wie Hunde und Katzen werden seltener gehalten werden, weil Kinder und Erwachsene ganztags außer Haus sind, eine artgerechte Haltung aufgrund des abnehmenden Zugangs zu Grünflächen schwieriger wird sowie sich das gerade skizzierte Freizeitverhalten nur schwer mit der Tierhaltung vereinbaren lässt. Ein eher kurzzeitiges, individuell und flexibel gestaltbares soziales Engagement wird zunehmen, während die Bereitschaft zu einer längerfristigen Bindung – z.B. in der Form von ehrenamtlichen Vorstandstätigkeiten bei Verbänden und Vereinen – weiter zurückgehen dürfte.

Gesundheit und Ernährung

Aus Angst vor dem Alter, vor Krankheit und Pflegebedürftigkeit werden Menschen immer mehr Wert auf eine gesunde Lebensführung legen. So werden sie Sport treiben bzw. regelmäßig in ein Fitness-Studio gehen, einen Kuraufenthalt buchen oder Wellness-Angebote nutzen. Bei ihren Aktivitäten werden sie sich zunehmend von Fitness-Trackern und Gesundheits-Apps leiten lassen – alleine zwischen 2015 und 2019 stieg die Zahl der Nutzer/innen laut einer Forsa-Umfrage von 14 auf 32% der 18- bis 50-Jährigen. Die Menschen werden mehr „Health Food" und Nahrungsergänzungsmittel sowie mehr Lebensmittel mit gesundheitsfördernden Bestandteilen essen – Curry mit Power-Algen, Hamburger mit mikroverkapselten Vitaminen, Tomatensalat mit Krebsprophylaxe. Ferner werden sie mehr Bio-Produkte und mehr Lebensmittel aus der Region verzehren. Außerdem wird die Zahl der Vegetarier bzw. Veganer weiter zunehmen – alleine im 1. Quartal 2020 stieg die Produktion entsprechender Lebensmittel laut Bundesamt für Statistik um 37% an. Aber auch mehr Fleischersatz wird konsumiert werden – er könnte laut der Unternehmensberatung A.T. Kearney im Jahr 2030 bereits 28% des weltweiten Fleischmarkts ausmachen.

Jedoch werden sich auch in Zukunft viele Menschen eher ungesund ernähren. So dürfte der Konsum von Fertiggerichten, Tiefkühlkost und Snacks weiter ansteigen, werden Lieferdienste zunehmend genutzt, suchen mehr Menschen Kantinen und Imbisse auf. Immer häufiger wird auf das Frühstück verzichtet; „Mobile Eating" (Essen im Gehen) findet auf dem Weg zur Arbeit oder zur Schule statt.

Die Menschen werden weiterhin in Supermärkten einkaufen, allerdings immer öfters bargeldlos – und dank RFID ohne Personal an den Kassen. Für Kaufentscheidungen werden Websites, auf denen User Produkte bewerten, immer wichtiger werden. So werden die Menschen als Kund/innen souveräner agieren, da sie über Preise und Qualität der sie interessierenden Produkte und Dienstleistungen gut informiert sind.

Die Kleidung wird aus neuartigen Materialien bestehen, die sich dem Wetter anpassen sowie schmutzresistent, atmungsaktiv und feuchtigkeitsabweisend bzw. wasserdicht sind. Sie wird die Energie von Bewegungen in Elektrizität umwandeln und diese speichern, bis sie z.B. für das Aufladen eines Akkus benötigt wird. Manche Kleidungsstücke werden als Display dienen, Körperfunktionen überwachen und bei Unfällen automatisch einen Notruf auslösen. Kleidung und Schuhe werden zunehmend aus recycelten bzw. recycelbaren Materialien hergestellt werden. Zudem werden mehr Bestandteile biologisch abbaubar sein.

Wohnen

Laut einer Prognose des Bundesinstituts für Bau-, Stadt- und Raumforschung müssten zwischen 2021 und 2025 jährlich 229.000 Wohnungen und von 2026 bis 2030 ca. 180.000 Wohnungen pro Jahr neu gebaut werden, da die Zahl der Haushalte weiter steigen würde. Die Eigentümerquote werde bis 2030 auf rund 50% zunehmen. Die Pro-Kopf-Wohnfläche werde auf ca. 47 Quadratmeter steigen – bei Eigentümerhaushalten um jeweils rund fünf Quadratmeter auf 54 Quadratmeter in den alten Ländern und auf 49 Quadratmeter in den neuen Ländern sowie bei Mieterhaushalten um jeweils rund drei Quadratmeter auf 43 Quadratmeter in den alten Ländern und 41 Quadratmeter in den neuen Ländern.

Aufgrund der Wohnungsnot in den Ballungsräumen werden die dortigen Miet- und Eigentumswohnungen noch teurer werden. Laut dem Internetportal immowelt.de werde z.B. in München der Quadratmeterpreis von 7.110 Euro (2018) auf ca. 11.380 Euro im Jahr 2030 steigen, in Frankfurt von 4.660 auf 7.080 Euro, in Hamburg von 4.310 auf 6.520 Euro, in Stuttgart von 4.070 auf 6.320 Euro und in Berlin von 3.870 auf 6.190 Euro.

Bei Neu- und Umbauten werden Häuser immer besser wärmeisoliert und nutzen zunehmend erneuerbare Energien. So könnte das Solarhaus bis 2030 Baustandard werden. Dann werden Solarkollektoren und Fotovoltaikmodule (eventuell auch Wärmepumpen) miteinander kombiniert sowie die Be- und Entladetechnik großer Speicher optimiert werden. Die Sonne wird bis zu 100% des Wärmebedarfs abdecken.

In den kommenden Jahren werden die Wohnungen „intelligenter" werden: Heizung, Klimaanlage und viele andere Geräte werden von Computern gesteuert werden. Die Bewohner/innen können über das Internet auf sie zugreifen, also z.B. die Heizung erst kurz vor ihrem Eintreffen höher stellen. So wird rund 30% weniger Energie als heute verbraucht werden.

Laut dem Zukunftsforscher Matthias Horx wird die klassische Raumaufteilung der Wohnungen bald der Vergangenheit angehören. Das Wohnzimmer wird zu einer „hochgerüsteten Technikzentrale" mit allen modernen Medien werden. In Eigenheimen und größeren Apartments wird jeder Bewohner ein eigenes Zimmer haben, in das er sich zurückziehen kann, um sich zu entspannen, um mit Freund/innen zu interagieren, für die Schule zu lernen, Berufliches zu erledigen oder sich weiterzubilden. Die Küchen werden kleiner sein und häufig offen in den Wohnbereich integriert werden. Es wird immer weniger „klassisch" gekocht werden.

Vereinzelt wird es neue Wohnkonzepte wie Mehr-Generationen-WGs oder Communities Gleichgesinnter geben. Da Senior/innen immer häufiger alleine leben und da nach Schätzung des Robert Koch-Instituts 30% der über 75-Jährigen im Alltag nicht mehr allein zurechtkommen, wird dem altengerechten Wohnen eine größere Bedeutung zukommen. Hier kann der Flachbildschirm als Fernseher, Computer und Bildtelefon dienen, ermöglicht also auch den Kontakt zu Pfleger/innen, Ärzt/innen und Verwandten. Zudem werden Waage und Blutdruckgerät mit dem Bildschirm gekoppelt sein, können somit Blutdruck, Gewicht, Körperfett, Wasserhaushalt und Muskelmasse überwacht werden. Sensoren werden biometrische Daten wie z.B. die Atem- und Pulsfrequenz automatisch erfassen. Werden Toleranzwerte über- oder unterschritten, wird Alarm ausgelöst. Nachts werden von Bewegungssensoren gesteuerte Lichtstreifen den Weg zur Toilette zeigen. Auch könnte im Medikamentenschrank ein Licht aufleuchten, wenn es Zeit für Tabletten ist. In der Küche werden Arbeitsplatte und Herd auf die gewünschte Höhe abgesenkt werden können, sodass sich selbst Rollstuhlfahrer/innen eigenständig versorgen können. Ferner wird es automatische Notruffunktionen, eine Einbruchsalarmierung sowie eine Überwachung des Raumklimas geben.

Ehe und Familie

Viele der bereits skizzierten Zukunftsentwicklungen haben große Auswirkungen auf das Zusammenleben von Menschen. So wird aufgrund der zurückgehenden Geburtenzahl der Anteil der Haushalte mit Kindern weiter schrumpfen. Damit wird sich ein schon seit längerer Zeit zu beobachtender Trend fortsetzen: Während die Zahl der Privathaushalte zwischen 1991 und 2019 von 35,3 Millionen auf 41,5 Millionen gestiegen ist, ging die durchschnittliche Haushaltsgröße von 2,27 auf 2,00 Personen zurück. In weniger als 0,5% der Haushalte leben drei Generationen zusammen.

Nach einer Prognose des Statistischen Bundesamtes wird die Zahl der Privathaushalte von 41,4 Millionen im Jahr 2018 auf 42,6 Millionen im Jahr 2040 ansteigen. Die Zahl der Einpersonenhaushalte dürfte in diesem Zeitraum von 17,3 Millionen auf etwa 19,3 Millionen zunehmen. Dann werden 24% aller in Privathaushalten lebenden Menschen alleine wohnen. Die Zahl der Zweipersonenhaushalte wird nur wenig von 14,0 Millionen (2018) auf 14,1 Millionen (2040) ansteigen. Hingegen wird die Zahl der Haushalte mit drei oder mehr Mitgliedern, die vor allem aus Familien mit Kindern bestehen, von 9,9 auf 9,2 Millionen zurückgehen. Die durchschnittliche Haushaltsgröße im Jahr 2040 wird dann nur noch 1,9 Personen betragen.

In den kommenden Jahren wird es aber nicht nur weniger Haushalte mit Kindern geben, sondern in ihnen werden auch weniger „klassische" Familien (ein verheiratetes Ehepaar mit leiblichen Kindern) leben. Hingegen werden hier mehr nichteheliche Lebensgemeinschaften, Alleinerziehende und Stieffamilien wohnen, vermutlich auch mehr „Regenbogenfamilien" (mit gleichgeschlechtlichen Eltern) und Familien mit Partnern aus unterschiedlichen Kulturen. Beispielsweise sank der Anteil der Ehepaare mit Kindern an allem Haushalten mit Kindern zwischen 1999 und 2019 um 22%, während gleichzeitig der Anteil der Lebensgemeinschaften um 77% zunahm. Im Jahr 2019 gab es in Deutschland 8,2 Millionen Familien mit minderjährigen Kindern – genauso viele wie 2009, aber 1,1 Millionen Familien weniger als vor 20 Jahren. 69,9% der Familien bestanden aus einem Ehepaar mit Kindern; 11,5% waren nichteheliche Lebensgemeinschaften und 18,6% Alleinerziehende mit Kindern.

Die durchschnittliche Kinderzahl beträgt derzeit zwei Kinder; sie ist etwas höher bei Migrantinnen und Frauen mit niedrigem Bildungsstand. Nur in knapp 12% der Familien lebten im Jahr 2018 mindestens drei Kinder. In den kommenden Jahren könnte es zu einem Anstieg kinderloser Paare kommen – egal ob verheiratet oder unverheiratet, ob hetero- oder homosexuell. So stagniert der Kinderwunsch auf niedrigem Niveau – z.B. laut der 18. Shell Jugendstudie von 2019 möchten nur 68% der Jugendlichen im Alter von 12 bis 25 Jahren Kinder haben (2010: 69%). Der Kinderwunsch ist bei jungen Männern mit 64% schwächer ausgeprägt als bei jungen Frauen mit 71%. Im Jahr 2018 waren 21% der 42- bis 49-jährigen Frauen kinderlos – bei Akademikerinnen waren es sogar 27%.

Insbesondere die Veränderungen in der Arbeitswelt werden in Zukunft die Partnersuche erschweren, die Familiengründung beeinträchtigen und Beziehungen brüchiger machen: Wenn Arbeitnehmer/innen freiwillig oder gezwungenermaßen mobil sind, also ihren Arbeitsort häufiger wechseln oder viel auf längeren Dienstreisen sind, wird es schwieriger werden, Partnerschaften langfristig aufrechtzuerhalten oder sich für ein Kind zu entscheiden. Wenn viele junge Menschen (auch mit guten Berufs- und Hochschulabschlüssen) zwischen Langzeitpraktika, befristeten Stellen, Teilzeitjobs und Phasen der Arbeitslosigkeit wechseln und wenn gut dotierte Arbeitsplätze mit Festanstellung seltener werden, dann werden weniger Paare die für eine Familiengründung zumeist für notwendig gehaltene finanzielle Sicherheit verspüren. Hinzu kommt, dass laut dem „Deutsche Post Glücksatlas 2015" 69% der Befragten – und sogar 75% der Frauen zwischen 20 und 35 Jahren – der Meinung sind, dass es heute schwieriger sei, eine Familie zu gründen, da der Job stressiger wäre. Zudem werden Nachteile hinsichtlich der eigenen Karriere erwartet.

Wenn erwerbstätige Eltern aufgrund der gestiegenen Anforderungen immer mehr Zeit an ihrem Arbeitsplatz verbringen, ausgepowert nach Hause kommen und dann oft noch weiterarbeiten müssen, werden sie wenig Zeit für die Pflege der Paarbeziehung und gemeinsame Freizeitaktivitäten haben – Entfremdung, Stress und Konflikte werden die Partnerbeziehungen labiler machen, und so wird es häufig zu Trennung, Scheidung und Alleinerzieherschaft kommen. Viele Geschiedene (wie heute zumeist Väter) werden getrennt von ihren Kindern leben.

Eltern werden aufgrund der längeren Arbeitszeiten auch immer weniger Zeit für ihre Kinder und deren Erziehung haben. Nicht nur Väter werden aufgrund der beruflichen Anforderungen länger an ihrem Arbeitsplatz sein, sondern auch Mütter. Zudem wird sich der Trend fortsetzen, dass immer mehr Mütter immer früher nach der Geburt eines Kindes wieder arbeiten gehen und häufiger Vollzeit erwerbstätig sind. Laut Mikrozensus waren 2018 rund 71% der Mütter mit minderjährigen Kindern und Partner erwerbstätig – aber nur 9%, wenn ein Kind unter einem Jahr im Haushalt lebte (44% in Mutterschutz/Elternzeit, 47% nicht erwerbstätig), 42% bei einem Kind im Alter von einem Jahr und 61% bei einem zweijährigen Kind. Während berufstätige Väter zu 91% in Vollzeit tätig waren, arbeiteten 71% der Mütter Teilzeit. Von den alleinerziehenden Müttern mit minderjährigen Kindern gingen 76% einer Erwerbstätigkeit nach (41% bei einem Kind unter einem Jahr, 44% bei einem Kind unter drei Jahren); von ihnen arbeiteten 36% Vollzeit.

Hinzu kommt oft ein langer Weg zur Arbeit – nicht nur bei Menschen in Großstädten (z.B. wegen vieler Staus oder mehrmaligen Umsteigens bei Nutzung öffentlicher Verkehrsmittel), sondern auch bei Pendler/innen: Laut Bundesinstitut für Bau-, Stadt- und Raumforschung hat die Zahl der Pendler von 53% aller Arbeitnehmer/innen im Jahr 2000 auf knapp 60% im Jahr 2018 zugenommen; die Länge der zurückzulegenden Strecke stieg im gleichen Zeitraum von 14,6 Kilometern auf 16,9 Kilometer. Besonders hoch ist die Pendlerquote in Großstädten mit hohen Immobilienpreisen und Mieten – z.B. arbeiten in München, der „Pendlerhauptstadt Deutschlands", 365.000 Menschen, die außerhalb der Stadtgrenze zu Hause sind. Das Pendeln ist aber nicht nur mit einem hohen Zeitaufwand verbunden – Zeit, die für die Familie fehlt –, sondern auch mit Stress.

Ferner werden Erwerbstätige zunehmend am Abend und an Wochenenden arbeiten müssen. Im Jahr 2019 arbeiteten laut Statistischem Bundesamt schon 24% der Berufstätigen ständig oder regelmäßig auch an Samstagen und 13% an Sonntagen; 18% der Arbeitnehmer/innen leisteten regelmäßig Abend- und knapp 5% Nachtarbeit. So entsteht eine paradoxe Situation: Einerseits verlangen Arbeitgeber/innen eine große Flexibilität (und oft wird diese auch von den Arbeitnehmer/innen gewünscht), andererseits erfordern Familienbeziehungen eine gewisse Stabilität und viel Zeit, um die Partnerschaft zu pflegen, um den Kindern eine verlässliche Lebenswelt zu bieten und um sie zu erziehen. Da kindliche Bedürfnisse aber mangels Zeit immer häufiger vernachlässigt werden, dürfte die Zahl von Kindern mit psychischen Problemen und Verhaltensauffälligkeiten weiter zunehmen.

Kleinkinder werden in den kommenden Jahren immer früher und immer länger in Tageseinrichtungen oder Tagespflege betreut werden. So werden die Betreuungsangebote für unter Dreijährige weiter ausgebaut werden, wird es mehr Ganztagsplätze geben, werden insbesondere in größeren Städten mehr Tagesstätten auch am Abend oder am Wochenende geöffnet haben. Im März 2020 wurde laut dem Bundesamt für Statistik bereits für 35,0% aller Kinder unter drei Jahren Ganztagsbetreuung genutzt (für 52,7% in Ostdeutschland und 31,0% in Westdeutschland); die Betreuungsquote Drei- bis Sechsjähriger lag bei 92,5%. Jedoch gab es erst für jedes fünfte Kind unter drei Jahren und für knapp die Hälfte der älteren Kleinkinder einen Ganztagsplatz.

Schulen werden immer häufiger Ganztagsschulen sein oder eine verlässliche Nachmittagsbetreuung anbieten. Im Jahr 2018 besuchten laut Kultusministerkonferenz 45,0% der Schüler/innen allgemeinbildende Schulen ganztags – wobei es große Unterschiede zwischen den Bundesländern gab: Die Extreme waren 93,5% in Hamburg und 20,3% in Bayern. Ferner wird es mehr Betreuungsangebote für Schüler/innen während der Schulferien geben. Immer mehr Eltern werden auch die Nachhilfe an Fachleute delegieren – laut Bertelsmann Stiftung gaben sie fast 900 Millionen Euro im Jahr 2016 dafür aus. Rund 14% aller Schüler/innen zwischen 6 und 16 Jahren erhalten derzeit Nachhilfestunden.

So wird in den kommenden Jahren die Bedeutung der Familienerziehung sinken, werden Sozialisation, Erziehung und Bildung von Kindern zunehmend von sozialpädagogischen Fachkräften und Lehrern übernommen werden (auf das Bildungswesen wurde auf den Seiten 66 ff. genauer eingegangen).

Wenn Eltern und Kinder immer weniger Zeit (gemeinsam) zu Hause verbringen – und diese oft noch in verschiedenen Zimmern –, werden die Familienbeziehungen lockerer werden. Da die Familienmitglieder zu unterschiedlichen Zeiten nach Hause kommen, werden sie nur selten gemeinsam speisen (und Tischgespräche führen), sondern sich zumeist selbst versorgen (z.B. mit Tiefkühlkost oder „Junk-Food") – sofern sie ihren Hunger nicht schon an ihrem Arbeitsort, in der Kindertageseinrichtung bzw. Schule oder auf dem Heimweg gestillt haben. Da Kinder immer früher selbständig werden, sind sie nach der Schule auch oft bei Freunden bzw. mit diesen unterwegs. So wird an vielen Tagen die Kommunikation mit den Eltern nur über das Handy oder per Video-Telefonie erfolgen. Das wird natürlich auch dann der Fall sein, wenn die Eltern zur Schlafenszeit der Kinder noch an ihrem Arbeitsplatz oder auf Dienstreisen sind.

Dennoch scheint sich die abnehmende Familienzeit in der Regel nicht negativ auf die Eltern-Kind-Beziehung oder auf die Familienerziehung auszuwirken – zumindest bei älteren Kindern. So zeigte die 18. Shell Jugendstudie 2019, dass der Anteil der 12- bis 25-Jährigen, die nach eigenem Bekunden ein positives Verhältnis zu ihren Eltern haben, seit dem Jahr 2002 zunimmt: 42% der Befragten kamen bestens mit ihren Eltern aus (2002: 31%), und 50% berichteten nur von gelegentlichen Meinungsverschiedenheiten. Nur in 7% der Fälle wurde die Beziehung als schlecht bezeichnet (2002: 9%). Zudem wollten 16% der jungen Menschen ihre Kinder genauso erziehen, wie sie selbst erzogen wurden, und weitere 58% so ähnlich. Nur 23% der Befragten (2002: 29%) möchten eigene Kinder (ganz) anders erziehen.

Die Hausarbeit wird in den kommenden Jahren an Bedeutung verlieren – nicht nur weil immer mehr Aufgaben von Geräten und Robotern übernommen werden, sondern auch weil immer seltener für die ganze Familie gekocht werden muss: Laut dem Ernährungsreport 2019 kochen 10% der Deutschen nie, 5% weniger als einmal pro Woche, 8% einmal und 37% zwei- bis dreimal pro Woche; nur noch 40% kochen jeden Tag. Zudem werden immer mehr Arbeiten „ausgelagert" werden, indem z.B. die Wäsche in die Reinigung gebracht wird oder Pizzas und andere Gerichte bei Lieferdiensten bestellt werden. Hausfrauen wird es kaum noch geben; die Familienarbeit wird für Frauen im Vergleich zur Erwerbstätigkeit einen immer geringeren Stellenwert haben.

Das Glück der Menschen

Die in diesem Buch skizzierten Zukunftstrends scheinen zumindest jüngere Menschen kaum zu belasten: So zeigte die 18. Shell Jugendstudie 2019, dass 58% der 12- bis 25-Jährigen optimistisch in die eigene Zukunft schauten (im Jahr 2015 waren es aber noch 61%). 5% der Befragten waren pessimistisch, und 37% antworteten mit „mal so, mal so". Je höher die soziale Schicht war, der sie angehörten, umso optimistischer waren die jungen Menschen. Auch die Zukunft der Gesellschaft wurde von 52% der Befragten positiv beurteilt.

Außerdem scheint sich der rasante technologische, wirtschaftliche und gesellschaftliche Wandel kaum auf das Glücksempfinden der Menschen auszuwirken. Laut der Innocenti Report Card 16 von UNICEF aus dem Jahr 2020 waren 75% der 15-Jährigen in Deutschland mit ihrem Leben sehr zufrieden. Das ist im Vergleich mit den anderen 37 Ländern, aus denen vergleichbare Daten vorlagen, jedoch nur Mittelmaß: In den Niederlanden waren es 90%, in Mexiko 86% und in Rumänien 85%. Am seltensten als sehr zufrieden mit ihrem Leben bezeichneten sich Schüler/innen in der Türkei (53%), in Japan (62%) und in Großbritannien (64%). Bei der PISA-Studie von 2018 bewerteten deutsche 15-Jährige ihre Lebenszufriedenheit auf einer Skala von 1 (sehr unzufrieden) bis 10 (sehr zufrieden) im Durchschnitt mit 7,02, was knapp unter dem Durchschnittswert für alle OECD-Länder in Höhe von 7,04 lag. Die glücklichsten Jugendlichen lebten in Kasachstan (Durchschnittswert: 8,76), in Albanien (8,61) und im Kosovo (8,30).

Laut dem „Deutsche Post Glücksatlas 2020" stieg das Zufriedenheitsniveau bei Deutschen ab 16 Jahren auf einer Skala von 0 bis 10 von 6,7 Punkten im Jahr 2004 auf 7,14 Punkte im Jahr 2019 (Allzeithoch) und sank 2020 auf 6,74 Punkte – vermutlich bedingt durch die Corona-Pandemie. Betrachtet man verschiedene Lebensbereiche, so lag 2016 die Zufriedenheit mit der Arbeit bei 7,04 Punkten, mit dem persönlichen Einkommen bei 6,4 Punkten und mit dem Haushaltseinkommen bei 6,8 Punkten, mit der eigenen Gesundheit bei 6,6 Punkten sowie mit Wohnen und Freizeit bei 7,61 Punkten. Am höchsten war die Zufriedenheit mit der eigenen Familie mit 7,8 Punkten.

Einkommen und Vermögen sind relativ bedeutungslos für das Glücksempfinden. So hat die ökonomische Glücksforschung nachgewiesen, dass es weltweit nur bis zu einem Bruttoinlandsprodukt (BIP) von 10.000 $ pro Kopf eine starke Korrelation zwischen Steigerung des BIP und Zunahme der Zufriedenheit gibt; ab 20.000 $ pro Kopf ist kaum noch eine Korrelation gegeben. Hier zeigt sich, dass Glück von anderen Faktoren abhängt als von der eigenen finanziellen Situation – sofern die materiellen Grundbedürfnisse befriedigt sind. Dann spielen der eigene Gesundheitszustand, die Zufriedenheit am Arbeitsplatz, die Work-Life-Balance, die sozialen Beziehungen, die Qualität von Wohnraum und Umwelt, die Bildung, das Gefühl der Sicherheit und ähnliche Variablen eine größere Rolle.

So werden die meisten Deutschen auch in den kommenden Jahren glücklich sein – selbst wenn sich ihre finanzielle Situation aufgrund steigender Steuern, Sozialversicherungsabgaben und Lebenshaltungskosten verschlechtern oder das Wirtschaftswachstum niedriger als erwartet ausfallen sollte. Für ihr Glücksempfinden werden andere Faktoren ausschlaggebend sein...

Autor

Dr. Martin R. Textor, Jahrgang 1954, studierte Erziehungswissenschaft, Beratung und Sozialarbeit an den Universitäten Würzburg, Albany (New York) und Kapstadt. Er arbeitete 20 Jahre lang als wissenschaftlicher Angestellter am Staatsinstitut für Frühpädagogik in München. Vom November 2006 bis Dezember 2018 leitete er zusammen mit seiner Frau das nicht universitäre Institut für Pädagogik und Zukunftsforschung (IPZF) in Würzburg. Seit Januar 2019 ist er Rentner.

Martin R. Textor veröffentlichte 23 Monographien, 23 Fachbücher als (Mit-) Herausgeber, mehr als 470 Artikel in Fachzeitschriften, wissenschaftlichen Zeitschriften und (Hand-) Büchern (ohne graue Literatur), rund 300 Fachartikel im Internet sowie circa 660 Rezensionen. Ferner wirkte er an 485 Veranstaltungen – mit mehr als 24.600 Teilnehmer/innen – als Referent oder Fortbildner mit.

Gemeinsam mit Antje Bostelmann gibt Martin R. Textor „*Das Kita-Handbuch*" heraus (www.kindergartenpaedagogik.de). Ferner ist er Autor der Websites „Zukunftsorientierte Pädagogik" (www.zu kunftsorientierte-paedagogik.de), „Zukunftsentwicklungen" (www. zukunftsentwicklungen.de) „Kindertagesbetreuung" (www.kinderta gesbetreuung.de) sowie „Elternarbeit in Kita und Schule" (www. elternarbeit.info). Ausführliche Informationen über seine Person und seine Veröffentlichungen können auf www.ipzf.de abgerufen werden. Seine Autobiographie ist unter www.martin-textor.de zu finden.

Anmerkung

Wie bereits am Anfang dieses Buch erwähnt, wurde auf Zitate und Literaturhinweise verzichtet. Quellen und ergänzende Informationen zu Zukunftstrends und anderen hier angesprochenen Themen können leicht im Internet gefunden werden. Einige (Ab-) Sätze in diesem Buch sind identisch mit Aussagen in anderen von mir verfassten Publikationen.